타르콥스키,
기도하는 영혼

Andrey Tarkovsky, A Cinema Prayer

타르콥스키,
기도하는 영혼

Andrey Tarkovsky, A Cinema Prayer

이다혜 옮김

일러두기
- 다큐멘터리 영화 〈Andrey Tarkovsky, A Cinema Prayer〉의 대본집이다.
- 수록된 시는 안드레이 타르콥스키의 아버지 아르세니 타르콥스키의 시이다.
- 시는 '•'로 영화 대사 인용은 '—'로 표시했다.
- 본문 하단의 주는 모두 편집자 주다.

차례

Chapter 1

밝고, 밝은 날…
Bright, Bright Day…

●

재스민 옆에는 돌이,

[아르세니 타르콥스키]

돌 아래에는 보물이,

오솔길엔 아버지가.

밝고, 밝은 오늘,

은빛 포플러나무가 피어나고,

센티폴리아 장미도,

그 뒤에는 덩굴장미가 있네.

그리고 부드러운 희부연 잔디가.

나 다시는 그때처럼

행복한 적 없었네.

나 다시는 그때처럼
행복한 적 없었네.
돌아갈 수 없어라.
말할 수 없네.
은총으로 충만하였던
그 천상의 정원을.

●

— 아빠!

거울 The Mirror, 1975

어린 시절의 버릇은
예술의 성격을 결정한다.
내게는 아주 기본적인 사실.
아버지는 시인이었다.
그리고 아버지의 시는
내게 큰 영향을 끼쳤다.
시, 러시아 문학, 미술에 대한

아버지의 관점들 역시.
하지만 그것은 일종의
무의식적 의존과 연결이었는데,
나는 그 천성을 분석하거나
평가할 수 없다.
나는 아버지보다 어머니와
더 연결감을 느낀다.
내가 할 수 있는 말이라고는
내가 〈거울〉에서 했던 말.
그 영화를 본 사람이라면
내 말뜻을
이해할 수 있으리라.
나의 첫 번째 기억은
내가 한 살 반이던 때로
거슬러 올라간다.
나는 집, 계단, 테라스를
기억한다.
아래로 내려가는 계단이 있는
오픈 테라스,
그리고 난간…

계단은 대여섯 개.
집과 계단 사이에는
거대한 라일락 덤불이,
계단 아래는 서늘했고
모래가 흩뿌려져 있었다….
나는 스튜 냄비의 알루미늄 뚜껑을
손잡이 위로 미끄러뜨렸고,
다음 순간 갑자기
무슨 소리가 들려서
몹시 무서워했다.
나는 덤불에 몸을 숨기고
하늘을 올려다본다,
점점 커지는 소음이
위에서 들려왔으므로.
그 순간,
나뭇가지 사이로 보인 것은
하늘을 나는 비행기.
1933년이었고,
나는 1932년에 태어났다….

●

그 전후 시기는

극도로 어려운 시기였다.

굶주림이라든가…

나는 거의 기억하지 못하지만…

내가 기억하는 것은

1947년에 입원했던 병원…

어렸을 때 나는

굶주림과 공포로 앓았다.

입술에서 딱지를 벗겨내고

혀로 그 위를 쓸었다.

차갑고 살짝 소금 맛이 났던

기억이 난다.

그리고 끝없이, 목적 없이 걸었다.

걷고 또 걷다

몸을 덥히려고

현관 앞 계단에 앉았다.

나는 정처 없이 강 쪽으로

비틀거리며 걸었다.

피리 부는 사나이의 선율에 맞춰

춤을 추듯이
나는 계단 위에 앉아
햇볕을 쬔다.
간헐적인 고열과
오한이 나를 떨게 한다.
어머니는 거기 가만 서서
내게 손짓한다.
어머니는 가까운 듯 보이는데,
도무지 다가갈 수 없다.
나는 어머니 쪽으로 움직이고,
어머니는 일곱 발자국 물러서고,
어머니는 내게 손짓한다.
나는 어머니 쪽으로 움직이고,
어머니는 일곱 발 물러서서 손짓한다.

●

내 생각에 기억은
기이한 감정적 구조물이다.
몹시 중요한 것들이 거기 있고

어떤 사람은 자기 직업을 통해
상상력과 창의성을
맴돌며 살아간다.

내가 겨우 세 살이었을 때
아버지가 떠났다.
우리는 아버지를 거의 보지 못했고,
갑자기 나타나던
그의 드문 방문만으로
아버지를 기억할 수 있었다.
우리가 살던 아파트에는
작은 방 두 개가 있었다.
모스크바의 구시가,
자모스크보레치예였다.
몇 년이 지나
나는 학교에 들어갔다.
아버지는 밤에 왔다.
늦은 저녁에….
누이와 나는
이미 자러 간 뒤였고

아버지는 부엌에서
어머니와 말다툼을 했다.
나의 양육권을
자기에게 달라고….
어머니는 원치 않았고
그 요구 때문에 상처받았다.
그에 대해서는 두 분 다
내게 말한 적은 없었다….
하지만 나는 기억하고
〈거울〉의 에피소드로 존재한다.

— 이그나트,
엄마하고 내가…
너한테 물어볼 게 있는데…
뭔데요?
나하고 같이 사는 게 더 좋겠니?
뭐라고요?
아빠랑 같이 살자고.
넌 다른 학교에 다니는 거야.
엄마하고 그런 말 했었지?

안 그래?

내가 무슨 말을 했어요? 언제요?

아뇨, 그럴 필요 없어요….

나는 내가 아버지와 살 일은

없다는 걸 깨달았다.

비록 그런 꿈은 늘 꿨지만,

아버지와 살지 못해서

마음고생이 있었지만,

그럼에도 앞으로 결코

아버지와 살 일은 없겠구나….

〈거울〉의 그 장면이 기억난다.

도시에서 돌아오는

아버지를 기다리는 어머니.

영화에서와 똑같은 일이

실제로 있었다.

바로 내 앞에서.

어쩌면 그래서 기억하는지도.

다른 건 기억나지 않는다.

어머니가 여전히 아버지를

사랑했다는 사실.
그 외에는 그 누구와도
사랑에 빠지지 않았다.

아버지가 떠난 뒤…
우리는 아버지와의 관계를
유지했지만
어머니는 그렇게 하지 않았다.
나는 그저 아이였고,
곧 전쟁이 시작되었다.
그리고 삶은
끔찍하도록 어려워졌다.
그리고 그 어려움은 당연히도
어머니의 몫이 되었다.
어머니는 아무것도
준비하지 못했지만
나와 내 누이를 건사했을 뿐 아니라
우리의 교육을 위해
할 수 있는 건 다 했다.
끔찍한 상황이었음에도

어머니는 내가

음악학교를 졸업할 수 있게 했다.

나는 피아노를 배웠다.

미술학교도….

이제 와서 나는 어머니가

어떻게 이렇게 할 수 있었는지 헤아릴 수조차 없다.

어머니가 그 모든 일을

어떻게 해냈는지

그 시절 끔찍한 환경을 떠올린다….

어머니가 아니었다면

나는 결코 영화 감독이

될 수 없었다….

— 엄마, 램프가요…

— 뭐라고?

●

그것은

이런 것이다.

나는 아무것도 필요치 않다.

내가 사랑하는 것을 줄 것이고,

사랑하지 않는 것도 줄 것이다.

나는 너를 대신하고 싶다.

하지만 내가 네가 되리라고

내가 말한다면

가엾은 아이야, 나를 믿진 말아라.

모두 거짓말이니.

오, 이 손이여,

덤불 같은 손가락이여,

축축히 젖은 열린 눈동자여,

작은 귀의 귓바퀴여,

마치 사랑 노래로 가득 찬

접시처럼,

바람을 가파르게 가르는

날개처럼,

나를 믿지 말아라.

가엾은 아이야, 나는 거짓말한다.

나는 저주받은 자처럼

달아나려 하나,

이 기이함으로부터

달아날 수 없네.

너는 날개를 움직이지 못하네.

너의 작은 손가락으로

눈꺼풀을 만질 수도 없네.

눈을 떠 바라볼 수도 없네.

나보다

수백 배는 강한,

너는 노래여라,

너 자신을 노래하는.

나는 나무와 하늘을 지키는

파수꾼.

너의 판결은

내게 노래가 되리.

●

Chapter 2

시작
The Debute

증기기관차와 바이올린The Steamroller and the Violin, 1960

솔직히 말하면
나도 분명하게는
이 느낌을 설명하기 어렵다….
내 영화에서
아이들의 역할을…
꼬집어 말하기 어렵다.
내 영화에서 여자들의 역할 또한
마찬가지다….
내 느낌에는
내가 표현할 수 있던 것을

아이들과 여자들에 대해서는

전부 표현하지 않은 것 같다.

나는 아이들이 언제나

우리보다 현명하다고

생각해왔다.

내가 아이들을 영화에 넣는 이유는

바로 그래서다.

내가 보기에 아이들은

선험적으로

세상을 연결 짓는 것 같다.

아이들은 그 연결고리를

아직 잃지 않았으므로,

곧 잃어버리겠지만,

아직은….

아이의 역할은

그래서 중요하다.

특히 내게는

어른들이 무언가를 표현할

말을 찾지 못할 때

아이에게 물어야 한다.

아이는 그 답을

완벽히 알리라.

거기 있는 것만으로도….

호루쇼프[*] 시대에 개방정책을

펼치지 않았다면

내가 영화에서 어떠한 경력이든

쌓기란 불가능했을 것이다.

나는 그 시대를 잘 기억한다.

희망의 시대였다.

우리 모두 희망을 감지했고,

자신감을 가지고 미래를 기다렸다.

많은 계획을 세웠고,

많은 프로젝트를 추진했고,

많은 기대를 가졌다.

그래서 그 시대를

✦ 니키타 세르게예비치 호루쇼프Nikita Sergeyevich Khrushchev. 1953년
부터 1964년까지 소련 공산당 서기장을, 1958년부터 1964년까지 소
련 장관 소비에트의 정부수반을 지낸 소련의 혁명가, 노동운동가이
자 정치인이다.

잘 기억하고 있다.

우리는 모두 연결되어 있었다.

억누를 수 없는 욕망으로,

하루라도 빨리

표현하고자 하는 욕망으로,

이 모든 것이 이제

가능하다는 느낌으로….

이반의 어린 시절My Name Is Ivan, 1962

하지만 얼마 지나지도 않아

다 끝나버렸다.

축제 이후의

'숙취'는

너무 금방 휩쓸고 지나갔다.

〈이반의 어린 시절〉,

1962년 나의 첫 영화가 나온 다음

내 기억으로는

소련 영화 지도부 관료들이

그 영화를 파시스트 영화로 봤다.

부정적으로 봤다는 거지.

전쟁은

옳거나 옳지 않은 것이었다….

일종의

라스콜니코프적인[✦] 관념인데

살인은 있을 수 있는 일이다.

이유만 주어진다면….

당신이 관점을 갖게 되는 순간

모든 것은 선명해진다.

이런 관점은,

얼마나 위선이며 오류인가.

그럼에도 불구하고

내 영화는 그렇게

비판받았다.

전쟁에 반대하는

✦ 라스콜니코프Raskolnikov. 도스토옙스키 소설 《죄와 벌》의 주인공. 인류를 비범하고 강력한 소수인간과 평범한 다수인간으로 분류한다. 그는 자신이 전자에 속하는 것으로 확신하고 그것을 입증하기 위해 사악한 고리대금업자인 노파를 죽이지만 양심의 가책과 내부 분열로 고민하다가 매춘부 소냐의 사랑에 감명받아 자수한다. 이성과 감성의 분열로 고뇌하는 전형적 인물이다.

격한 강조점이,

또한 문자 그대로의

죽음에 반대하는 강조점이,

또한 파괴에 반대하는 강조점이,

전쟁이 옳든 옳지 않든

죽음과 전쟁에 반대한다는 점을

알리고 있다고 간주되었다.

전쟁에서는

무엇보다 희생자들을 생각한다.

왜냐하면 전쟁에는

승자가 없기 때문이다.

전쟁에서 승리한다 해도

우리는 결국 패배한 것이다,

전쟁의 일부가 되었다는 이유만으로.

이 영화의 줄거리는

꽤나 이상하다.

모스크바 스튜디오는

〈이반〉이라는 제목의 영화를 만들기 시작했다.

감독도 내가 아니었다.

영화는 반쯤 제작되었고
예산도 절반쯤 사용되었다.
촬영본은 너무 끔찍해서
제작이 중단되어야 했다.
모스필름은 감독을 찾기 시작했다.
그들은 유명한 감독들과
먼저 접촉했고,
그리고 스튜디오의 가장
마지막 사람들까지 내려왔다.
그리고

— 안 돼!

모두가 답했을 때
그들은 내게 요청했다.
나는 막 VGIK 영화학교를 마치고
학위를 받은 상황이었다.
나는 몇 가지 조건을 제시했다.
첫째, 나는 그 소설을 읽겠다.
영화의 원작이 된

보고몰로프의 소설✦을.

나는 기존 촬영분 필름을

1미터도 보지 않겠다.

대본 전체를 다시 쓰겠다.

배우들과 촬영감독을 교체하겠다.

장면을 연출하는 시노그래퍼scenographer도,

그 외의 모든 스태프도.

그리고 처음부터 다시 시작하겠다.

그들은 좋다고 했다.

하지만 예산은 절반뿐이라고….

나는 말했다. 충분합니다.

내게 완전한 자유를 준다면

받아들이겠습니다.

— 음, 그래… 널 돕게 해줘….

— 혼자 할 수 있어.

— 혼자! 혼자! 이리 와….

✦ 안드레이 타르콥스키는 1962년 블라디미르 보고몰로프의 단편
소설 〈이반 Иван〉을 원작으로 한 그의 첫 장편영화를 발표했다.

나는 그 영화가 매우

좋은 평가를 받았음을 안다.

하지만 내 생각에 이 영화는

평론가들에게는 전혀 이해받지 못했다.

그들은 이 영화의

역사를 알려고 했지만

이 영화는 그저

젊은 감독의

미숙한 창작물일 뿐이었다.

하지만 시적인 작업이었다.

그래야 했다.

작가의 관점에서

검토하자면 그랬다.

사르트르는 이 영화를 옹호했다,

철학적 관점에서.

하지만 내게 그것은

옹호가 아니었다.

이 영화는 예술적 관점에서

옹호되어야 했다,

왜냐면 나는 철학자가 아니라

예술가이므로.

그의 옹호는 내게 무용했다….

●

우주 안에서

우리의 즐거운 마음은

불명확한 안식처를 일으켜 세우고,

인간, 별, 천사는 살아 있다.

둥근 형태를 한 긴장.

아직 아이는 생기지 않았다.

그의 발 아래에는 이미,

둥근 궤도가

생겨난다.

●

― 나는 날고 있어!

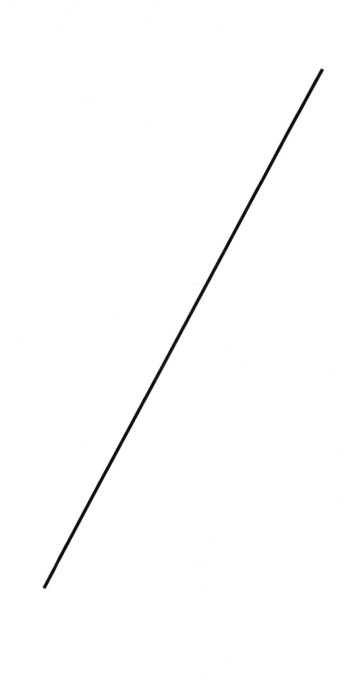

Chapter 3

안드레이의 수난
Andrey's Passion

— 어이 거기! 나 잡아봐라!

해빙기 이후
일종의 냉기가 느껴졌다.
내 두 번째 영화는
1964년에 시작해서
1966년에 끝났다.
〈안드레이 류블로프〉.
그 중요한 시기를
매우 명확하게 그려냈다.

— 시작!

이렇게 말할 수 있다.

그 영화는 상찬받았다.

촬영감독 커뮤니티에서,

촬영감독 위원회에서,

모든 이들이

그 영화를 칭찬했다.

나로선 놀라운 일이었다.

왜냐하면 나 자신은

내가 무엇을 이루었는지

온전히 파악하지 못했기 때문이다….

다른 말로 하면,

그 영화는 곧

'창고행'이 되었다.

5년 반이 지나도록

개봉되지 못했다. 왜냐하면…

'반역사주의'의 낙인이 찍혀서.

전혀 사실이 아니었음에도….

우리는 극도로 조심했다,

역사적 정확성을 유지하려고,

영화가 기반한 상황에

진실하려고.

또 한편으로 그들은 그 영화가

'반러시아주의'라고 했다.

게다가 '서유럽' 모델에

너무 근접하다고도 했다.

그런 의미에서 보면,

주인공의 초상은

너무나 개인주의적이었다.

그는 너무 자신만을 알았고

삶에 대해서는

너무 자주 직접적인 반대 입장이었다.

러시아 예술가가 되기에는

너무나도.

그건 절대 사실이 아니다.

그는 달리 행동할 수 없었을 뿐.

왜냐하면 안드레이 류블로프는

수도사였으므로.

그의 모든 현존은

세속성과 반대 지점에 있었다.

중요한 것은 그것이다.

그 단계는 내게 매우 힘들었다.
그때 나는 분명히
깨달을 수 있었는데,
제20차 당대회가 끝났고
힘든 시기가 다가오고 있었다….

　　― 무언가가 잘못되었어.
　　피곤하고 기운이 없어 보여.
　　그때 예기치 못하게
　　누군가와 시선이 마주쳤지.
　　성찬을 받은 듯 느끼고
　　마음이 놓였어. 그렇지?

진정한 시인은,
그가 진실로 시인이라면,
신도가 될 수 없으리라.
어쩌면 이것이야말로
우리가 여러 해 동안 경험한
위기를 설명해주는지도 모른다.

인간은 자신이 인간임을,

러시아 사람들은 한 핏줄,

한 대륙의 인간들임을

기억해야 한다.

개인적으로

언제 바뀌었는지

기억조차 나지 않는다.

내게 언제부터 믿음이 생겼는지,

내가 언제부터 종교적이 되었는지.

내가 종교적이라고 해서

죄가 없다는 뜻은 아니다.

다만 나는 점점 더

확신하게 되었을 뿐이다,

문화는 종교 없이

존재할 수 없음을.

종교는 문화 저변에

깔려 있다고도 할 수 있다.

그리고 문화는 종교의 저변에….

그것은 상호 의존의 과정이다.

사회가 영성을 필요로 하면

예술 작품을 만들어내기 시작한다.

예술가들을 만들어내기 시작한다.

영성을 필요로 하지 않을 때

사회는 예술을 필요로 하지 않게 되지만

그 결과

불행한 사람들이 늘어난다.

영적으로 불만족한 사람들이

늘어나게 된다.

인간은 목적을 잃고

왜 존재하는지도

더 이상 이해하지 못하게 될 것이다.

그래서 종교에 관해서라면

내게 그것은 사적인 문제가 아니다.

오히려 우리 문명의

문화적 운명과 관련된 이야기가 된다.

예술적인 이미지는

세상의 특별함을 담아내는

나눌 수 없는 무형의 무엇이다.

그것은 절대적 진리와

우리의 유클리드적 양심 사이의

교감을 묘사하고 있다.

우리는 그것을 순수한 형태로

인지할 수는 없으나

그 존재를 추측할 수는 있다.

또한 그것과 우리 내면의 관계를

표현할 수 있다.

본질적으로, 시적 이미지는

해독할 수 없다.

만일 세계가 신비롭다면

이미지의 진실성은

일정 정도의 미스터리를

지닐 수밖에 없기 때문이다.

이콘icon의 이미지는

순수하게 내적인 의미와

상징을 지닌다.

결코 외적이고

비유적인 것이 아니다.

그것은 순수한 형이상학이다.

그것은 신성한 초상이 아니며
신을 형상화한 것도 아니다.
이것은 매우 중요한데,
왜냐하면 중세 러시아 이콘 화가들의
최고의 작품들은
본질적으로 인간으로 화한 절대자,
그에 대한 명상이기 때문이다.
의미가 깊을수록
파악하기는 더 어려우며
그리하여 가장
아름다운 이미지는
가장 엄격한 구조를
필요로 한다.
가장 시적인 이미지는
이데올로기가 아닌
자연주의에 기반한 것이며,
그 단어의 일반적인,
세속적인 의미에서 그러하다.
그리하여 우리가
예술적 이미지 구성의

단순함에 대해 이야기할 때
내게 그 말은 언제나
작가가 한 손으로 땅을 만지며
다른 손으로는 다른 무언가를 가리키는,
다른 세계를 가리키는 것과 같다….

      — 타르타르!
      — 도망가!

우리가 인간이며
단순한 물질이라는 것을
잊지 말아야 한다.
영혼이 있지만,
그럼에도 불구하고 물질임을.
왜냐하면 결국
모든 것은 하나의 요소로부터 출발하므로,
동일한 재료로부터 만들어지므로.
그리하여 예술적 가식이라
부를 수 있는 것에 대해
짜증이 나기도 한다.

이미지의 균형이 맞지 않아

과장된,

지나치게 과장된 방식으로

표현되는 것들을 볼 때면 말이다.

그런 상징은 해독할 수 있는 것이며

반예술적이다.

왜냐하면 이미지는

속임수가 아니며

퍼즐도 아니므로.

퍼즐이나 수수께끼에는

답이 있다.

관중이 그 답을 찾으면

상징은 고갈된다.

그렇게 그 한계를 입증하는 셈이다.

그러나 상징이 세계를 대표한다면,

무한의 개념을 반영한다면,

어떻게 제한될 수 있겠는가?

우리는 일반적으로

예술이 상징이라고 말할 수 있다.

무한의 상징,

우리가 사는 세상의

상징이라고.

이콘에는 서명이 없다.

이콘 작가들은

자신을 예술가로 간주하지 않았다.

그가 이콘을

그릴 수 있다면

그는 신에게 감사했다.

왜냐하면 그는 자신의

공예품을,

자신의 직업, 자신의 능력을,

신을 섬기고

신에게 기도하는

도구로 받아들였으므로.

이것이 예술의 의미였다.

그것은 자만심의 부재다.

자신의 뿌리를,

자신이 어디에서 왔는지를,

그리고 어디로 가는지를

아는 것이 중요하다.

알지 못한다 해도

적어도 믿음이 있어야 한다.

창조주에 대한

당신의 의존을 느껴야 한다.

그게 아니라면

동물과 다름없다.

무릎을 꿇고

내면의 모든 감정을

신을 향하게 하면

언어를 찾을 수 있다.

진정한 언어를.

같은 방식으로

진정한 이미지가 탄생한다.

만일 당신의 일이

마치 수도자처럼

창조주에게 바쳐진다면

그것은 재능과 같다.

나는 꽃을 기르고

그것을 누군가에게 바친다.

하지만 꽃이 자라나는 건 그와 별개인 것이다!
예술은 최고의 창조 능력을
거울에 비춘
형상이다.
그렇게 함으로서
우리는 창조주를 본받는다.
우리는 바로 그 이미지에서
하느님의 형상대로
창조된 사람들이다.
그리고 이 순간 우리는
신을 닮게 된다.
예술은 가장
이타적인 인간의 노력이다.
예술의 의미는 기도이며,
그것은 나의 기도이다….
만일 나의 기도가
다른 이들에게도 기도가 된다면
그때 나의 예술은
친밀하게 타인의 것이 된다.
그것은 의무의 문제이다.

인간의 의무는
섬기는 것이다.
바로 그런 이유로
이러한 생각이 변질되면
섬김을 피하기 위한
권력 싸움으로 흐르고
타인을 착취하는 데
악용된다.
이 세상에는 단 하나의
상호작용 원칙이 있는데
신에게 감사하는 것이다.
그것은 섬김으로 가능하며,
다른 무엇으로도 불가능하다….

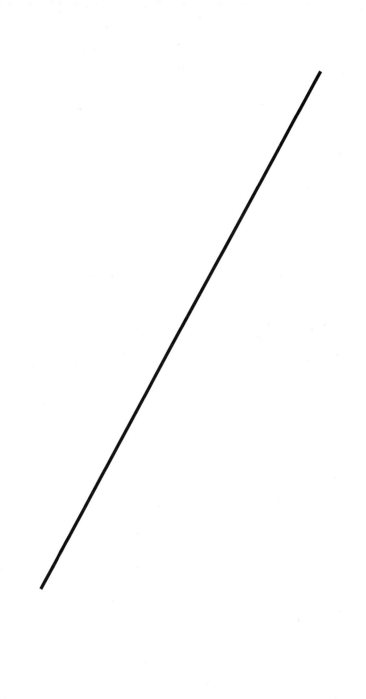

Chapter 4

귀향
Homecoming

●

우리의 피는 고향을 질투하지 않으리.

그러나 찢어진 틈이 미래를 열어,

세속적으로 세속적이기 때문에,

이곳 땅 위에서 한계를 부여한다.

미치광이 어머니의 꿈,

사륜 마차를 쓰는 말의 울음소리,

파에톤과 그의 전차,

그리고 진홍색 돌 조각.

●

우리는 소설 《솔라리스》에 바탕을 두었으나

솔라리스로의 여행을 제외한

영화를 만들고 싶었다.

그 편이 더 흥미로울 것이었다.

하지만 원작자가 반대했다.

러시아인들은

자연에 강한 애착을 느낀다.

러시아인들은 자신이 자연과

동떨어져 있다고 상상하지 못한다.

자신을 자연의 일부라고 생각한다.

어떤 의미에서 자연과

그 표현이

인간의 성격에

그토록 영향을 미친다는 것은

러시아인적인 특성이다.

우리는 마치 불필요하다는 듯

영화에서 자연을

잘라내려고 한다.

우리 자신이야말로

더 중요하다는 듯이.

하지만 더 중요한 것은

우리가 아니며,

우리는 자연에 의존한다.

자연은 우리보다 중요하다,

우리는 진화의

결과이므로.

그러므로

감정적이고

예술적인 의미에서

이를 소홀히 하는 것은

범죄다.

아마 범죄라기보다는

그저 어리석을 뿐이리라.

자연은 우리가 진실을

인식할 수 있는

유일한 곳이기 때문이다.

— 톨스토이를 기억해요?

●

연민을 보일 때마다
우리의 영혼은 약해져요.
자, 난 당신을 사랑해.
누군가를 사랑한다는 것!
사랑은 느낄 수 있을 뿐,
개념처럼
설명할 순 없어요.
우린 없어질 것들을 사랑하죠.
자신, 여자, 국가….
오늘날까지 인류와 세계는
사랑에 이르지 못하고 있어요.
이해하겠소, 스타우트?
우린 소수에 불과하지만
우리가 여기에 온 건 처음으로
인간을 사랑의 대상으로
이해하려는 게 아닐까요?

●

내 생각에는
연옥이 없다 해도
삶 그 자체가 우리에게
연옥이 무엇인지
생각해볼 기회를 준다.
이런 생각을 하게 되는 건
삶 그 자체다.
고통에서 벗어나기 위해
연옥은 필요하다.

— 수치심이야말로
인간을 구원하리라….

러시아 마이스노예 마을에 있는 타르콥스키의 집

나는 이 집을 몹시 사랑한다.
단순한 집 이상의 의미다.
병원이자,
인간이 원하는 모든 것.
이 집에서 나는

책을 쓸 수 있었고
주변에 새로운 건물을
세울 수도 있었다.
그 집에서
나는 무엇이든 할 수 있었다.
그곳은 나를 인간이 되게 한다.
일할 필요성으로부터
나를 자유롭게 한다.
그곳에서 평생을 살 수도 있다.
단 하나의 조건이 있는데
내가 원할 때
그 집을 떠날 수 있어야 한다.
정말 멋진 집이다!
내가 필요로 하는 건 전부 있고
다른 건 필요 없다.
한번은 불이 났다.
불에 탄 잔해를 보기 두려워
보러 가지 않았다.
하지만 라리사*가 다시 지었다.
우리는 영혼을 쏟아부었다.

그곳에서 행복했으므로

이 집을 팔거나

떠나거나 배반하는 것은

라리사를

배신하는 것과 마찬가지다.

그럴 순 없다.

왜냐하면 나는 나를

뒷받침해준 이들에게

복종하기 때문이다.

나는 나를 위해준 이들을

모두 기억한다.

내 집 주변에서 벌어지는

모든 일은 기적이다.

그 특별한 공기,

특정한 순간들,

설명할 수 없다….

✦ 라리사 타르콥스카야Larisa Tarkovskaya. 안드레이 타르콥스키의
배우자.

나는 계단에 앉아 있고
시네마가 시작된다.
플롯이 있는 종류의
시네마는 아니다.
하지만 그것이야말로
내게 진정한 시네마다.
진정 멋진 일이다!
라리사가
시골집에 있을 때
나는 굉장한 일을 목격한다.
새들은 그녀를 뒤따르고,
내가 아닌 그녀를 말이다,
새들은 그녀의 어깨 위에
또는 머리에 앉는다….
〈거울〉에 나오는 장면처럼.
그런 질문을 받았다.

— 그 장면은 무슨 의미입니까?

— 왜 새가 머리에 앉죠?

— 무엇을 상징합니까?

답은 단순하다.

새는 악한 자에게는

결코 앉지 않는다….

놀라운 집이다.

이제 내 아들이 거기 간다.

거기서 잘 지낼 것이다.

우리는 영원히 거기 살 것이다.

집이 서 있는 한

그렇게 할 것이다.

누가 그 집을 앗아간다면

지상에 내가 가진 것은

아무것도 없으리라.

●

　시간과 공간 속에

　우리의 손바닥을 높이 들고

　이내 우리는 알게 되리니

　주권의 왕관 위에

　가장 소중한 것은 형벌의 별,

형벌, 더러움, 걱정,

쓰디쓴 빵 한 조각을 위해

하늘의 별자리와 함께

우리는 어머니 대지에 머문다….

●

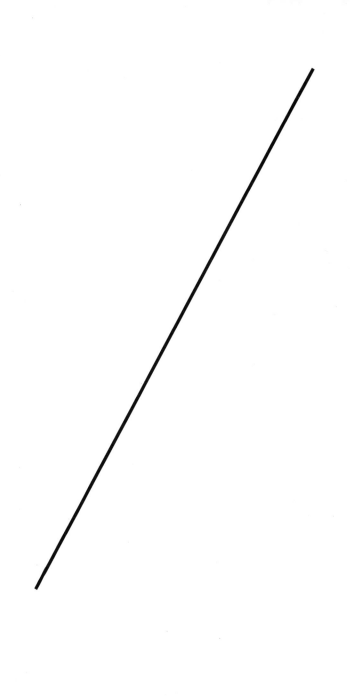

Chapter 5

시간의 거울을 통해
Trough the Mirror of Time

프루스트*에게 시간이라는 관념은

시간 자체보다 더 중요하다.

러시아인은 상관하지 않는다.

우리 러시아인들은

우리 자신을 방어해야 한다.

어린 시절 기억을 바탕으로

산문을 쓴 이들,

톨스토이, 가르신**

✦ 마르셀 프루스트Marcel Proust. 프랑스 작가. 주요 작품으로는 연작
소설 《잃어버린 시간을 찾아서》가 있다.
✦✦ 프세볼로트 가르신Vsevolod Garshin. 러시아 작가. 대표작으로 단
편소설 〈4일간〉이 있다. 사회악에 대한 저항과 절망에 대한 작품을 주
로 썼다.

그리고 다른 사람들은

대개

과거를 속죄하고자 한다.

언제나 회개의 몸짓이다.

그게 전부다.

거울The Mirror, 1974

이 영화는 많은

논쟁을 낳았다.

한번은 적은 관객들 앞에서

일반 상영을 한 뒤

토론 중에

분쟁이 발생했다.

늦은 시간이었고

큰 홀을 청소해야 하는 직원이

"그만 싸우고 나가요, 청소해야 하니까"라고 했다.

    — 영화에 대해서라면

    다 분명하잖아요. 나가요!

그러자 그들이 물었다.

— 그럼 말해줘요. 뭐가 분명하죠?

그녀가 말하길,
"아주 간단해요.
한 남자가 끔찍하게 아팠고
죽을지도 모른다고 생각했고
자기가 다른 사람들에게 한
끔찍한 일들을 생각하고는
사과하고 싶어 했어요.
이제 됐나요."
알고 보니 청소부는
초등학교도 나오지 못한 사람이었다.
많은 영화 비평가들이
그 자리에 있었지만
언제나처럼
그들은 아무것도 이해하지 못했다.
아무것도.
더 이야기할수록

자기들이 쓰는 것에 대해

더 이해하지 못했다.

그런데 그 청소부는

그냥 들어와서 다 설명해버렸다.

만일 내가

〈이반의 어린 시절〉이

〈안드레이 류블로프〉에

어떻게 연결되는지

질문을 받는다면,

혹은 내가

렘✦의 소설 《솔라리스》와

영화를 비교하는 질문을

받는다면,

혹은 내가 지금 진행 중인

영화에 대한 질문을 받는다면,

나는 아마도

그 영화들은 모두 연결되어 있고

✦ 스타니스와프 렘Stanisław Lem. 폴란드 작가. 세계적인 SF 작가로 보르헤스, 루이스 캐럴, 필립 K. 딕을 합쳐놓은 것 같은 인물이다.

그래야 한다고 할 것이다.

내게는 고도의 긴장 상태에 있는

인물을 더 깊게

탐구하고 싶고

더 정교하게 표현하고픈

욕구가 있다고,

불멸 직전의 상태에 있는

인물,

정신적인 불안정 상태의

인물,

그래서 그 인물이

곧 무너지거나

또는 자신의 이상에 따른

신념을

분명하게 표명하리라고.

그 영화를

편집하려고 했지만

잘되지 않았다.

왜인지 알 수 없었다….

대본과는

모든 것이 달라져 있었다.

에피소드 시퀀스가

완전히 달랐다.

숱한 노력 끝에

에피소드를 수없이

이리저리 맞춰본 다음에,

최종 편집본에 대한

희망을 잃었을 즈음에,

그리고 그 영화가

실패했음을 이해한 다음에,

내 기억으로는 열아홉 번째 편집본에

이르러서

마침내 영화의

최종 편집본 꼴이 갖춰졌다.

전통적인

문학적인 드라마투르기*는

이 영화에 맞지 않는다는 게

✦ Dramaturgy. 연극의 구성과 연극의 주요 요소를 무대에서 표현하는 방법을 연구하는 학문이다.

분명해졌다.

본질적인 시네마

그 우위

비유적 구성은

시적이다.

그것은 일반적으로

드라마투르기에서 볼 수 있는

시퀀스의 성격을

따르지 않는다.

시네마의 특수성은

시네마가

시간을 기록하고 표현한다는

사실에 의해

특징지어진다.

철학적이고 시적인 동시에

문자 그대로의

의미의 시간.

인간이 시간의 유한함을

인식한 바로 그 순간.

내 생각엔 16세기나 18세기 사람은

우리 시대에 살 수 없다.

그들은 우리의 시간 압박에

짓눌려버릴 것이다.

시네마는 이 문제를

시적으로 표현할 임무를 맡았다.

시네마는 문자 그대로

시간을 동결시키는 유일한 예술이다.

이론적으로, 누구나 같은 릴reel을

영원히 볼 수 있다,

시간의 매트릭스처럼.

리듬, 지속 시간,

속도는

시네마에 내재된

특별한 의미를 발견한다.

시네마에서 시간은

스스로를 표현하기 때문이다.

이것은 매우 흥미로운데

어떤 의미에서

모든 예술은

최고의 예시들은

시적이다.

다빈치는 회화의 시인,

천재적인 시인이다.

다빈치를 화가로만

정의한다면 우스운 일이다.

바흐를 작곡가로만

정의하는 것도,

셰익스피어를 각본가로만

정의하는 것도,

톨스토이를 소설가로만

정의하는 것 역시.

그들 모두는 시인이므로.

그러므로

시네마는 그 자체의 시적인

영역을 가지고 있다.

거기에는 다른 예술 형태나 장르에서

지금껏 이해되지 못하고

해석되지 못한

삶의 일부,

우주의 일부가 있으므로

시네마가 하는 일은
음악이나 다른 예술로는
할 수 없는 것들이다.
현대사회에서
예술가의 역할은
중추적이다.
예술가가 없이는
사회도 없다.
예술가는 한 사회의
양심이기 때문이다.
예술가가 자신을 표현하고
관객과, 타자와 소통하는 능력이
떨어질수록
사회에는 더 나쁜 일이다.
그런 사회는
영혼이 사라지고
인간은
자신의 기능을
삶의 목적을
수행하지 못한다.

이런 일이 어디서 일어나는지는
중요한 게 아니다.
러시아든 아프리카든
스웨덴에서든…
중요한 것은
마지막 시인이 사라지면
삶은 무의미해지리라.
나는 감히 아버지에게
영화를 위한 시를 써달라고
부탁할 수는 없었다.
다행히 아버지는 기꺼이
내게 큰 보상을 안겨주었다.

    — 안드레이, 너도 알겠지만
    네가 만드는 건 단순한 영화가 아니야.

아버지가 그 말을 한 뒤
나의 삶은 조금은 더 수월해졌다.

●

마지막 잎새의

자기 연소의 열기가

하늘로 솟구치고

당신의 길에는

숲 전체가

같은 자극을 산다.

우리는 지난해에 살고 있다….

눈물이 차오른 눈동자가

길을 비추고

음울한 홍수 평원이

관목을 비추듯

소란 피우지 마라. 위협하지 마라.

건드리지 마라.

습기를 휘젓지 마라.

숲의 고요함을,

오래된 생명의 숨결을,

들을지도 모른다

끈적끈적한 버섯은

축축한 풀숲에서 자란다.

쭈글쭈글한

민달팽이는

축축한 가려움증으로

그들의 피부를 간지럽힌다.

너는 안다,

사랑은 위협과 같다는 걸.

"조심해. 내가 돌아올 거야.

조심해. 지금 널 죽여버리겠어!"

하늘은 떨고 있고

장미처럼 단풍을 품었다.

더 강하게 타오르게 하라,

우리의 눈 앞에서.

●

Chapter 6

미로에서부터
Into the Mirror of Time

재능 있는 사람이

이렇게나 많은데

러시아에서는

무슨 일이 벌어지고 있다.

문화를 파괴할 수도 있는 무언가가.

정말 그런 일이

벌어질지도 모른다.

하지만…

그렇다고 영혼까지

죽일 수는 없다.

자유의 문제가 있다.

자유란 무엇인가?

자유는 개인의 내적인 자유,

인간의 영적인 자유다.

자유는 개인의 권리와

같지 않다.

권리는 앗아갈 수 있다.

내적인 자유는 빼앗을 수 없다.

자유는 개인에게 속한 것으로

본질적으로 그들의 일부다.

영적인 존재란 그런 것이다.

햄릿은 이것을

아주 단순히 설명했다.

셰익스피어가 햄릿의 입을 빌려

표현했다고

말해도 좋으리라.

    — 나는 호두 껍데기 속에 갇혀도

    무한한 우주의 왕이라고

    자처할 수 있어.

혹은 고대인들이 말했듯

─ 자유롭고자 한다면, 자유로워라!

자유는 개인의 문제다.

그러므로

인간으로부터 권리를 앗는다 해도

자유를 빼앗기는

불가능하다.

정치적으로 억압적인 곳에서

진실로 자유로운 자들을

찾을 수 있는 이유다.

대신, 전통적으로

민주주의였던 국가에서

우리는 완전히 부자유한

사람들을 발견하게 된다.

《햄릿》은 드라마투르기와

시적인 면에서

세계에서 가장 중요한

작품이다,

의심의 여지 없이.

이 작품은 셰익스피어 시대의,

그 이전 시대의,
모든 시대의
가장 중요한 문제를
언술하기 때문이다.
햄릿의 비극은
그가 복수에 대한 집착으로
혹은 정의감으로
결과적으로… 어쨌든…
육체적으로 죽는 것이 아니다,
그게 중요한 게 아니라,
그가 자신을 죽음으로
정죄한다는 것이 중요하다.
어긋난 시간을
다시 되돌리거나 바로잡기 위해서.
따라서 그는 찢어진
시간의 실타래를
고치려는 열망으로
다른 이들을 섬기기 위해
자신을 정죄하고
역사적 과정에

촉매가 된다.

그 과정에서 자신을

소멸시킨다.

진보라는 이름으로

사라지고

소멸하고

그 안에 완전히

용해되는 위험.

이것이 햄릿의 비극이다.

그는 완전히 사라지고

그 역사적 운동의

촉매로만 존재하기 때문이다.

이것이 개인의 비극이다.

모두가 다른 이를 위해

자신을 쉽게 희생하는 건 아니다.

— 햄릿, 네가 아버지를

몹시 화나게 만들었다.

— 어머니, 어머닌 제 아버지를

몹시 화나게 만드셨죠.

— 이런, 이런, 헛소리 좀 그만해라.

— 저런, 저런, 해괴한

말씀일랑 그만하시죠.

— 내가 누군지 잊었느냐?

— 천만에요. 그럴 리가 있겠습니까?

당신은 왕비이시고,

남편의 동생의 아내이시며,

또한 그렇지 않았더라면 좋으련만

제 어머니시죠.

— 정말 이럴 테냐. 너랑 말이

통할 사람을 불러야겠다.

— 꼼짝도 하지 마세요.

제가 거울을 보여드릴 테니

어머니의 속을 들여다보세요.

— 무슨 짓이냐?

나를 죽이려고 하느냐?

— 어어, 사람 살려!

— 게 뭐냐. 쥐새끼냐?

— 아이고. 무슨 짓을 했느냐?

— 왕인가요?

이 복수는 무엇을

의미하며

어긋난 시간을 바로잡는다는 건

무엇을 뜻할까?

그것은

피를 의미한다….

누군가의 피를 흘려

정의를 회복하는 것.

비텐베르크에서 교육받은

철학자이자 학생이었던

햄릿으로서는 낯선 방식으로,

비록 정의의 이름이지만

자신의 손을 피로 물들여

정의를 회복하는 것.

모두가 이렇게 할 수

있는 것은 아니다.

햄릿에게는 비극이 되었다.

그가 철학자이기를

멈추는 순간

행동을 개시한다.

예술적 자유란,

자유라는 개념 없이

예술 창작은 불가능하다는 것.

의심의 여지는 없다.

예를 들어,

예술적 자유가 보장되지 않은

상태에서 만들어져

완전히 성공하지 못한

예술 작품에 대해

진지하게 얘기하는 건

불가능하다.

만일 어떤 예술 작품이

어느 정도 자유를

잃고 있다 느낀다면

우리는 그 작품이 실패작이라

확신할 수도 있다.

예술 작품에서는

작품 그 자체 외에는 어떤 것도

눈에 띄어서는 안 된다.

안타깝게도 20세기 들어

창의성의 의미는

예술 작품에서 벗어나

작가의 흔적, 작가의 존재에

초점을 맞추게 되었다.

스토커 Stalker, 1979

내 새 영화는

더 건조하고

더 금욕적이고

더 간결했으면 한다.

나의 열망을 표현하는 단어다.

예술가의 위엄 있는

침착함이

창작 활동에 필수적이라

믿기 때문이다.

예술가의 기질이 강할수록

겉으로 표현되는 부분은 적기 때문에

예술가는 동요하거나 흔들리거나

외부적으로 간섭받는 모습을
보여서는 안 된다.
〈스토커〉가 내 영화 중
가장 성공적이라 생각한다.
최종 결과물이
초기 콘셉트와 일치하고
구성은 더 단순하기 때문에
표현 수단이 더 본질적이라는 점이
내게는 무척 소중하고
중요한 특징이다.
아마도 〈스토커〉는
지난 몇 년 동안
아티스트로서 느꼈던 심경을
표현한 것 같다.
이 영화는 현실적으로는
패배의 위기에 직면해 있지만,
이상주의자로서
자신의 정신적 가치에
'기사도'적으로
충실한

한 남자의 이야기이다.

우리의 주인공, 스토커는

돈키호테, 미슈킨 왕자처럼

우리가 이상향으로 인식하는

소설 주인공과 같은

인물로 만들어졌으며

이상향이기 때문에

현실에서 패배한다.

나에게 〈스토커〉는

자신을 만들어낸 영적인 힘에 대한

의존을 믿는

나약한 인간의 강인함을

표현한 작품이다.

인간의 영혼이 더 높은 존재와

연결되어 있다는 인식을

무엇이라 부르든

그것은 중요한 것이 아니다.

이러한 행동은 언제나

터무니없고 무의미해 보인다고

생각해왔다.

비논리적이기도 하고.

무의미하고

비실용적인 행동은

내게 높은 영성의

신호다.

이것은 포기를 의미하기도 한다.

사실 다른 생각도 있지만

있는 그대로 평가되는 이 세상은

영적인 사람을

만족시킬 수 없다.

비실용적으로 행동하도록

밀어붙이는 특정한 힘은

매우 중요하다.

— 네가 옳다. 나는 한심한 놈이야.

이 세상에 좋은 일을 한 적도 없고,

아무것도 할 수 없어.

아무것도 줄 수 없었어.

아내에게도.

친구도 없지.

하지만 내 것을 빼앗지는 말아줘!

그들은 이미 모든 걸 앗아갔어.

그곳에서, 철조망 뒤에서.

그러니 내 것은 여기 있어.

알겠어? 여기! 이 구역에!

내 행복, 내 자유, 내 자존심,

모두 여기 있어!

난 불행한 자들만 데려와.

나처럼 절망하고 괴로워하는 사람들.

더 이상 바랄 게 없는 사람들.

희망이 없는 사람들.

난 그들을 도울 수 있어!

아무도 그들을 도울 수 없어.

오직 나, 한심한 나만이!

그들을 도울 수 있음에 너무 행복해.

울고 싶을 정도로.

그게 다야.

더 이상은 원치 않아.

배우가 처음부터 영화의 콘셉트에

전적으로 충성한다고 선언하면

배우에게 절대적 자유를 줄

준비가 되어 있다.

한마디로, 배우가

미래 영화의 콘셉트에 대해

내 관점을 공유하지 않으면

감독으로서 견딜 수가 없다.

대신 나는 그 배우들을

존경하고 사랑하며

그들이 연기할 때

절대적인 자유를 준다.

테이크 원, 투, 쓰리,

100미터, 200미터는 중요치 않아.

중요한 것은 여기서

아무것도 보여주지 말아야 한다는 거야.

어디를 늘리거나

줄여야 할지

스스로 느껴야 하고

오직 본인만이 이를 제어할 수 있다.

이해하겠어?

— 네, 이해해요.

다들 멈추고…
주목!
다들 제자리에!
카메라!
테이크 288/1!

    — 그가 내게 다가와서
"나와 같이 가자"라고 했어요.
저는 그렇게 했죠.
후회한 적 없어요.
전혀요.
슬픔도 많았고,
두려움도 많았고,
부끄러움도 많았죠.
하지만 후회한 적은 없었어요.
누구도 부러워하지 않았어요.
우리의 운명이자 삶이죠.
그게 우리의 운명이죠.

우리의 인생에서

고통은.

우린 더 나아지지

않았을 거야.

더 나빴겠죠.

왜냐하면 그 경우

행복도 없었을 테니까.

희망도 없었을 것이고.

그게 다예요….

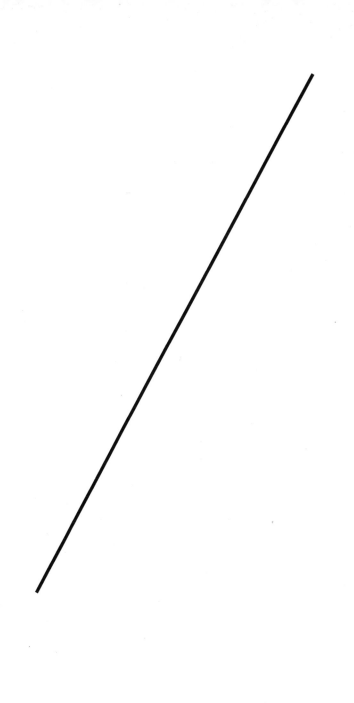

Chapter 7

〈노스텔지어〉의 기원
At the Source of Nostalghia

일주일에 두어 번
꿈을 꾼다.
대단한 건 아니지만…
그것들은 내 안에서부터
스며들고
적을 수도 없다.
분리되지 않기 때문에
적을 필요도 없다.
꿈은 내게 색깔로 기억하는
단순한 꿈과
중요하다는 인식이 드는
꿈으로 나뉘고

중요한 꿈은

우리를 위한 것이 아니라

우리 아이들,

다른 사람을 위한 것이다.

그 안에서

영적 연결의 힘을 확인한다.

노스텔지어Nostalgia, 1983

노스텔지어는 절대적인 감각이다.

친척들과 함께

고국의 집에 있는 동안

향수를 느낄 수 있다.

행복한 가정에서도

향수를 느낄 수 있다.

왜냐하면 영혼은 원하는 만큼

확장될 수 없다고 느끼기 때문이다.

사랑은 인간을 형성한다.

희생할 수 있는 사랑은

자신을 내어주는 것.

사랑이 방해받으면

인간은 상처를 입고

불균질해진다.

이런 종류의 사랑을 느끼고

인간이 만든 무서운

장벽을 만날 때

장애물이 생겨날 때

사랑에 빠진 두 사람은

헤어질 때처럼

고통받게 된다.

주인공은 모든 사람과

친구가 될 수 없음에

고통받는다.

그는 그 나라에

며칠 더 머물 수 없음에

고통받는다.

그는 역시 고통받는

친구를 발견하고

그것이 그들을 하나로 묶는다.

그는 말한다.

"국경은 사라져야 해."

그렇게 되면 모든 사람이

사회 시스템 간의 갈등으로 인한

결과를 겪지 않고

자유롭게 살 수 있다.

어차피 삶을 불가능하게 만드는

문제는 있기 마련이므로.

인생의 엄청난 불확실성은

그를 괴롭힌다.

그렇게나 많은 이들이

불행하므로

그는 행복할 수 없다.

그의 문제는

순전히 러시아인적인 연민이며,

그는 연민에 대한 생각을

구체적으로 정립할 수도 없다.

토스카나 바그노 비그노니, 이탈리아

— 이탈리아에 관한 시를 쓰나요?

— 러시아 음악가의 전기를 쓰고 있죠.

— 조이…

— 이곳엔 왜 오셨죠?

— 그 작곡가가 여름마다

여기 온천에 왔었대요.

— 언제요?

— 세기말요.

— 차이콥스키 얘긴가요?

— 아뇨, 소스놉스키라는 작곡가에요.

— 잠깐…

— 이 동네 여자와 결혼하지 않았어요?

— 아뇨, 소스놉스키는

러시아 노예와 사랑에 빠졌어요.

소련 영화 당국이

1983년 영화제에서 나의 성공을

완전히 깎아내리기 위해

심사위원을 보내고

나를 소련 감독으로

간주하지 않는다는 사실을

처음으로 깨달았을 때

나는 깜짝 놀랐고

끔찍한 공포에 떨었다.

그 소련 감독은

세르게이 본다르추크[+]였다.

그들이 왜 그렇게까지 했는지

지금도 이해할 수 없다.

나는 선언으로서

⟨노스텔지어⟩를 만들었다.

러시아 소비에트 지식인이

서구에서 살기는

완전히 불가능하다는 선언.

일반적인 당혹감이나

내 영화 언어에 대한

이해 부족,

미학적 측면 등

무엇이든 예상할 수 있었지만

'나'의 권위자, 동료, 상사가

[+] Sergei Bondarchuk. 소련의 영화 감독, 각본가, 영화배우이다.

이렇게 배신하리라고는
예상하지 못했다.
갑자기 내가 더 이상
그곳에 필요하지 않다는
생각이 들었고,
칸영화제에서 소련 당국의
행태를 생각했을 때
내가 모스크바로 돌아간다면
어떤 일이 벌어질지
잠시 생각해보았다.
다르게 행동할 수도,
소련으로 돌아갈 수도 없었다.
아내와 함께
서방에서 지낼 수밖에 없었다.
나는 서구에서의 삶에
환상이 없고
가족 중 일부가
아직 모스크바에 있다는 사실은
라리사 파블로브나와 내게는
매우 힘들고 어려운

결정이었다.

　　— 어느 나라로 갈지
　　라리사 파블로브나와 저는
　　아직 결정하지 못했습니다.
　　우리에게 중요한 것은
　　그 결정을 내리는 것이지
　　나머지는 중요치 않습니다.

지난 20년 동안 모스크바에서
영화 당국과 외교적 관계를 유지하며
다섯 편의 영화만 찍을 수 있었다면,
칸 스캔들 이후로는
더 이상 아무것도 이룰 수 없음을
깨달았다.
관객, 친구, 고국,
무엇보다도 관객과 단절되는 것은
나를 몹시 슬프게 한다.
내 관객이라고 생각했고
지금도 그렇게 생각하는 이들을 위해

일할 수 없다는 것이

괴롭고 황폐하다.

내게는 진정한 비극이며

특히 내 영화를 기다려주고

사랑해준 분들과

헤어지는 것이 고통스럽다.

앞으로도 그럴 것이다.

탈출구가 없었고

선택의 여지가 없었고

모스크바 영화 당국과 충돌한 후 일어난

유일하게 논리적인 결론이다.

토스카나 산 갈가노, 이탈리아

— 주여, 이토록 원하고 있습니다.

뭐라고 말씀 좀 해주세요….

— 내 소리를 들어 어쩐다는 거냐?

— 적어도 존재를 느낄 수 있게만이라도.

— 언제나 느끼게 하고 있다,

너희들이 알지 못할 뿐이지.

●

사냥이 끝나간다.

놈들이 날 쫓아온다.

그레이하운드가 내 엉덩이를 문다.

나는 뿔이 어깨뼈를 찌를 때까지

고개를 젖히고

포효한다.

그들은 내 힘줄을 끊는다.

그들은 내 귀에

총신을 쑤셔박는다.

옆으로 쓰러진다.

축축한 나뭇가지 사이에

뿔이 엉킨다.

희미한 눈으로 본다.

작은 나뭇가지가 붙어 있다.

반사도 되지 않는

검은 공.

그들은 다리를 묶고

장대에 걸고,

어깨에 메고….

●

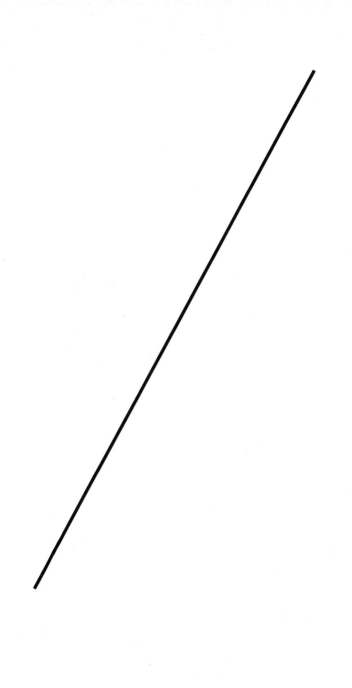

Chapter 8

종말 직전에
At the Verge of Apocalypse

묵시록, 요한계시록은
아마도 가장 위대한 '시'.
높은 곳에서 영감을 받아 쓰였으며,
주님께서 인간에게 주신 모든 것을
아우르고 포용하는 것이다.
역사적 관점에서 볼 때
우리의 정신적 발전은
물질적 발전보다 열등하며
우리는 이에 대한
대가를 치르고 있다.
인류가 멸망한다면
그것은 인류의 발전 과정이

조화롭지 않았기 때문이다.

인류는 영적으로

진화하지 못했다.

인류는 두려움으로 추동되었고

인간은 세상과 합쳐지고

깊은 관계를 맺는 대신

세상에 방어적으로 행동했다.

인간은 상호작용을

서로에 대한 고통스럽고

짜증나고 쓸모없는

일상적인 지렛대로 바꾸었고,

소통을 즐거운 것으로 바꾸는 대신

사용 가능한

최초의 장난감을 움켜잡았다.

돌도끼의 타격을

완전히 방어할 수 있는

인간의 응시,

욕망의 마법적 영향이 아니라

그 돌도끼를 믿었다.

구원에 관해서는,

최근 지구상의 삶은

우리 개인의 자아를

가능한 빨리 구원하기 위해

합리적으로 생각하다 보니

결과적으로

삶을,

나아가 예술을

부정하도록 만들어버린 듯 보인다.

오늘날은 전망이 없으며

원자폭탄으로 대표되는

세계적인 악에 대항해

힘을 합쳐야 한다는 공감대가 있지만

작은 원자폭탄이 무엇을

할 수 있는지 보았는데

열 개가 있다면 어떤 일이 생길까?

사실 우리 미래의

가장 큰 우려는

전쟁이 아니라

인간 생존을 위한

생태적 틈새가

점차 파괴된다는
것이리라.
전쟁 없이도
이런 분위기 속에서
질식할 것이다.
그렇기 때문에
오늘날
예술과 구원의 문제는
점점 중요해지고 있으며
제때에 만드는 것이
필수적이다.

타르콥스키의 이탈리아 첫 번째 집, 산 그레고리오 디 사솔라

내가 말하는 영성이란
우선 소위
'삶의 의미'에 대해
호기심을 갖는 것을
의미한다.
적어도 그것이

첫 번째 단계라고 가정하자.

스스로에게 그 질문을

던지는 사람은

그 수준 이하로 자신을

낮출 수 없으며

그 질문으로 인해

나아가게 될 것이다.

"우리는 왜 존재하는가?"

"우리는 어디에서 와서

어디로 가는가?"

"우리가 별에

존재하는 이유는 무엇인가?

팔십이 넘는 동안

이 세계에 살아가는 이유는?"

간단히 말해

스스로에게 이러한 질문을

하지 않은 이는

영성이 부족한 것이다.

이 문제를 심각하게

받아들이지 않는 예술가는

예술가가 아니며,

인간을 인간답게 만드는

가장 중요한 문제를

무시하는 것이다.

이러한 문제를 언급하기

시작할 때

진실한 예술이 등장한다.

삶의 의미는

우리가 존재하는 동안

영적 수준을 높이는 데 있다고

믿는다.

우리가 태어났을 때보다

약간이라도 나아갈 수 있다면

우리의 삶은

헛되지 않으리라.

악과 악마는

빛과 그림자처럼

선의 부재이자

신의 부재이다.

인간은 선뿐 아니라

악도 품고 있다.

우리 존재의 목적은

무엇보다 우리 안의

악과 싸우는 데 있다.

우리에게 자유의지가

있는 이유다.

우리는 악과 싸울 수도,

우리 안의 악이

승리하게 할 수도 있다.

우리의 책무이다.

최악의 상황은

내 안의 악이 아닌

타인의 악과 싸우기 시작할 때이다.

고틀란드, 스웨덴

이 영화는

스웨덴에서 촬영될

〈희생〉이라는 영화로,

이탈리아어로는 '사크리피치오 Sacrificio'다.

이 영화는 〈노스텔지어〉의

논리적 진화이다.

중심 인물인 수학 교사

도메니코의

이야기를 다루지만

앞서 언급한 문제와

훨씬 더 연관이 높은

새로운 특성을 갖출 예정이다.

　　— 아주 먼 옛날, 한 수도원에

　　늙은 수도승이 살고 있었단다.

　　그의 이름은 팜베였지.

　　그는 죽은 나무 한 그루를

　　산에 심었단다.

　　이렇게 말이야.

　　그러곤 제자

　　조안 콜로프에게 말했지.

"나무가 다시 살아날 때까지
매일 물을 주도록 해라."

이 영화는 피할 수 없는
예기치 못한
사건에 직면했을 때
개인의 책임을 이야기한다.
우리가 소위
정치인, 전문가,
우리의 미래를 프로그래밍하고
다른 국가, 사회 계층 등과
상호작용하는 것을
직업으로 삼는 소위 전문가,
정치인에게 맡기는 일들에
참여하려는 의도와 열망으로
개인적 책임에 몰두한다.
이것이 바로
내 영화다.
개인의 참여,
현대사회의 진행 과정,

그리고 그를

사건의 중심으로

되돌리려는 열망에 대해

긴장감 있고 극적인 방식으로

한 가족의 이야기를

시적으로 서술하는

비유이자 우화다.

　　　─ 그렇지! 그 집의 아름다움에

　　우린 넋을 잃고 있었단다.

　　그때의 그 평화와 고요함…

　　그리고…

　　그 집이야말로 우리가 살

　　집이란 생각이 들었지.

　　오직 우리를 위한.

　　때마침 기적처럼 주인은

　　그 집을 팔려 하고 있었단다!

　　그래서

　　거기서 네가 태어난 거야.

　　네가 태어난 집이

마음에 드니?

악이 승리할수록
예술 작품을 만들 이유는
더 많아진다.
물론 더 많은 이유가 있다.
예술은…
어떻게 말해야 할까?
인간은 존재하는 한
본능적으로 창조를 위해
노력할 것이며
이것이 바로 인간을
창조주와 묶는 힘이다.
그래서 창조란 무엇인가?
예술의 목적은?
왜?
그것은 좋은가, 나쁜가?
그것은 생산적인가?
아니면 그저 예술일 뿐인가?
다만 한 가지는 분명하다.

예술은 기도다.

모든 것이 설명된다.

예술을 통해

인간은 희망을 표현하고,

나머지는 중요하지 않다.

희망을 표현하지 않는 것,

영적 영역에서 나오지 않는

모든 것은

예술과는 관련 없다.

미래에 대한 희망이

어디 있느냐고 묻는다면

모든 일에도 불구하고

러시아에만 있다고 말하고 싶다.

어떤 의미에서의 희망….

핵폭탄이 떨어지기 전에

문명이 곧 종말을 맞을 수도 있다.

창조주를 믿는 마지막 사람이

죽으면 그렇게 된다.

영성 없는 문화,

인간 영혼의 불멸을

믿지 않는 문화는

짐승 떼에 지나지 않는다.

문명이라 부를 수 없다.

결국은 쇠락하게 된다.

그래서 나는 서구에서보다

러시아에서 더 많은

영적 부활의 징후를 본다.

Epilogue

영원회귀
Eternal Return

내 스승으로 여겼던

사람들의 이름을

거론하던 때가 있었다.

이제 생각하면

스승이라기보다는

신의 광인,

이 세상 밖의 사람,

미치광이라고 부르고 싶다.

악의 없이 말하건데

그들은

브레송, 톨스토이, 바흐, 다빈치….

궁극적으로 그들은

자신의 창작을 위해

노력할 필요가 없었기 때문이다.

그들은 모두 사로잡혔다.

그런 사람들은 나를

두렵게 하는 동시에 영감을 준다.

그들의 작품은

설명하기 불가능하다.

톨스토이에 대한 글은 많다.

다빈치에 대한 글도,

바흐에 대한 글도.

그러나 누구도

그들의 재능을 설명치 못한다.

신이여, 감사합니다.

아무도 설명할 수 없어요.

기적을 설명할 수 없다는 뜻.

기적은 신이다….

나는 죽음이 두렵지 않다.

공포에 떨게 하지 못한다.

물론 신체적 고통은

끔찍하다.

삶을 생각하는 사람은

죽음을

두려워하지 않는다.

확신한다.

죽음이 다가온다는 생각에

구토를 느끼지 않고

오히려 때때로 죽음,

죽음에 대한 절망감조차

우리 삶에서 느껴본 적 없는

놀라운 자유를

불러일으킨다는 것을 느낀다.

걸작이란

영혼이 내 옆을 지나면서

하늘 어딘가로 올라가고,

당신 옆을 스치면서

느낄 수 있는

바람의 숨결만

남기는 것일지도 모른다.

예술 작품은 이렇게

천재적인 창조물이 된다.

●

가느다란 바람이 불어온다.

당신은 날아가고 날아간다.

사진에 찍힌 사랑은

소매로 당신의 영혼을 붙잡는다.

망각으로부터, 새처럼,

한 알씩 훔쳐서

당신이 분쇄되지 못하도록,

죽어도 살아 있으리니—

온전히는 아니라 해도,

백 분의 일만이라도,

발끝으로, 꿈속에서,

마치 들판에서 구불구불

머나먼 땅 어딘가에서.

모든 것이 소중하고, 맑고, 살아 있다.

다시 한번 비행한다.

렌즈의 천사가

당신의 세상을 그의 날개 아래로 가져간다.

●

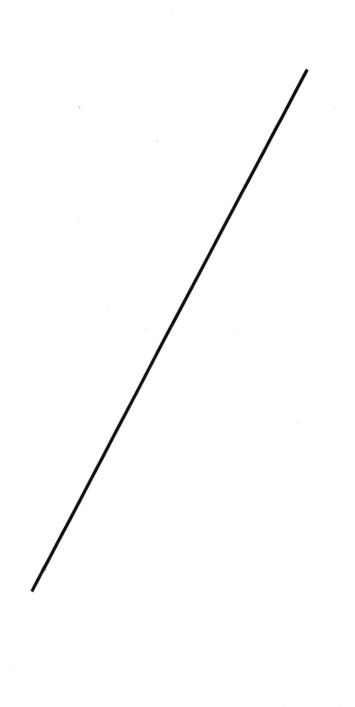

기도의 정체

_A. 타르콥스키 송시 1

강정

만약 기도가 존재한다면

하늘을 잇새에 물고 울거나

땅의 비늘을 제 몸 삼아 고요한 풍경으로 남는 일

앵무새의 혀가 되어

사람의 말을

생물의 질서 안에 안개처럼 분해시키는 일

또박또박 말을 따라 하던 아이가

순식간에 어른이 되어

오래 잃어버린 아이의 말을

기억의 서랍 속에서 다시 꺼내 풍선처럼 띄워 올리는 일

어느 병든 노인이 문득,
자신의 젊은 적 사진을 보며
거울 앞인 양 흉내 내면서
시간의 틈새를 메우는 일

불타 없어진 오래전 집이
어느 하루 비구름과 안개의 부름에 홀려
귀멀고 손도 잘린 화가의 그림 속처럼
지구의 새로운 전망으로 나지막이 다시 세워지는 일

아프게 실연당한 누군가
가닿을 수 없는 먼 지평에서 잃어버린 자신의 마음을
되찾아
사랑의 배덕자에게
또 다른 미소로 악마의 그림자를 지워내는 일

화면 속의 비가
창밖의 비가 되고

내 안의 비가 되어
전 세상의 리듬인 양 낮게 요동친다

고요하나,
하늘과 땅이 커다란 나무 한가운데서 만난 새가 되어
합창한다

살아 있다는 게 이미 죽음의 환영歡迎이자 환영幻影임을
이렇게도 알게 되니,

오늘은 또 내가 다른 지구에 있게 되는구나
멀리 바라보던 어느 낯익은 별이 오래전부터 나의 집
이었구나

불타는 배우

_A. 타르콥스키 송시 2

강정

스스로 손목을 긋거나 자신의 몸을 불지른 자가
지금 내 앞에 있다

그는 하나이면서 여럿이고
명백한 자신이면서 아무도 모르는 무수한 사람이다

촛불을 들고 하늘을 걸어다니는 자
거울 속으로 들어가 머나먼 혹성에 새로운 제국을 건
설하는 자

세상 모든 계단을 층층이 지우고는 땅속의 입김으로

사람의 말을 나팔 속에 가두는 자

그가 길고 오래 걷는다

촛불의 눈이 느릿느릿 흔들려
몸속의 어둠이 비로소 침묵 그 자체로 웅성거린다

광활한 광장이 그대로 세계를 본떠낸 극장이다
그가 말하고 움직일수록
그는 그 자신 속으로 더 깊이 들어가 결국, 단 하나의
풍경이 된다

촛불이 종소리를 퍼뜨린다
붉은 하늘과 회색빛 땅

그의 몸이 그를 보는 모든 눈[眼]을 덮는다

세계가 하나의 눈 속에 만상을 숨긴 채
만물의 허파를 다시 부풀린다
촛불은 여전히 불타면서 운다

이토록 찬란하고 고요한 울음이라니

그는 자신 몫의 생애를 극장 한가운데 못박아 스스로
촛불이 된다

그 불에 내 몸을 지져 그가 되랴
그 불이 나를 일깨워 내가 혹성으로 우주에 뿌려지랴

나는 본다, 그를
그가 오래전부터 나였음을 나 자신에게 오래도록 숨
기면서,

깃털의 가장 작은 모발인 양,
천형의 나팔수인 양,
뿌우뿌우
허공의 이빨에 불의 잇솔질을 가한다

잠든 이의 얼굴은 모두 아이 같아서
깨울 수 없는 동안의 기다림

서윤후

아이는 돌아오지 않는다
시에 적지 못한 마지막 한 단어처럼

언덕 비탈에 누워 있는 여행자도
입간판을 시옷 자로 열어 가게 앞에 내놓는 자도
정시에 시동을 거는 버스 운전사도
모두 기다리고 있다

사랑의 정의를 고쳐 쓴 날 중의 일화
: 벤치가 아무도 나타나지 않길 바라는 마음으로 보전
되어가기

죽어가는 나무와 살아내는 나무가 한 풍경에 담겨야
비로소 아름다운 공원의 입구
평생 거울 앞에서 자신의 측면까지만 도달하는 인간
의 곁눈질 속에 맺힌 사랑의 물방울을 아이는 닦아줄
수 있다

그것이 모두 기다리는 이유
그것이 모두 아이의 옷소매가 늘 젖어 있는 이유

사람마다 투명한 포승줄로 연결되어 있는 아이가 있다
시의 마지막 단어를 귓속말할 때까지
기다림은 칭얼거림이 되어
평생 한 사람이 완성될 수 없도록

아이를 너무 꽉 껴안은 노인들은 자신이 몇 살인지 잊
어버리게 된다
삶을 한꺼번에 쏟기도 한다

아버지, 저를 알아보시겠어요?
은빛 포플러나무와 우리가 자주 타던 그네잖아요.

아- 재밌겠군요. 그런데 실례지만 누구세요?

그 질문이 모든 빗장을 열게 만든다

아이가 돌아오지 않는 것은

우리가 쌓은 기다림이 볼품없어서인지

탁자 위 성냥 탑을 무너뜨리고 가는 태엽 도둑

어떤 시계가 멈추게 만든 기억의 입체에 갇혀 자신의

측면까지만 겨우 가볼 수 있는

어디선가 내 이름을 부르는 어린 목소리 들리고

일생에 한 번뿐인 자명종이라면

방 안에는 투명하고 차가운 수갑에 이마를 갖다 대고

들리지도 않는 휘파람을 불다 잠든 아버지가

나를 닮은 아이가

나는 믿는다, 이전에 본 적이 없는 이 모든 것을

_안드레이 타르콥스키,
세계가 몰락하기 이레 전前에 온 사람

정성일

1

이 글은 안드레이 타르콥스키를 염두에 두고 읽어 나가길 바란다. 누구나 하는 말에서 시작하겠다. 영화를 보는 것은 경험하는 것이다. 문제는 그 경험이 다르다는 것이다. 여기서 다르다는 것은 영화를 보는 서로 다른 사람의 차이가 아니라 서로 다른 영화 사이의 차이에 대해서 말하는 것이다. 그렇다고 여기서 위계를 세우려 들거나 판단을 내리려는 것은 아니다. 그건 이 자리의 목표가 아니다. 여기서 하려는 것은 먼저 영화가 있고, 영화를 만든 사람이 있고, 단순하게 전기적인 사실이나 미학적인 따분한 설명, 철학을 흉내 내는 도식적인 용어들, 그래서 설정에 지나지 않는 것을 피해 가면서, 그 사람이 가지고 있었다고 믿을 수밖에 없는 창작의 영혼에 가닿으려는 어처구니없는 시도이다. 이런 표현을 사용하면 냉소적인 반응을 보이는 사람들이 있다. 나는 그들을 경멸할 것이다. 그들은 이미 창작의 위대한 시간, 창조라는 기적을 더 이상 믿지 않는 자들이다. 나는 그들과 나눌 것이 없다. 기적을 믿지 않는데 어떻게 믿음에 대해서 함께 논할 수 있을까. 문장에서 판단은 주어를 측정하는 도구이다. 그러면 다음 질문이 따라올 것이다. 왜 분류하나. 그 사람이 예술가라면 그에 관한 설명은 언제나 유일하며 다른 누구에게도 적절하지 않기 때문이다. 그는 그에게만 해당하는 질문을 갖고 있다. 우리가 해야 할 일은 대답을 찾는 것이 아니라 질문을 발명하는 것이다. 여기서 나는 발견이 아니라 발명이라고 썼다. 그렇다. 발명의 과정을 통해서 비로소 우리는 가까스로 창작의 과정에 참여하는 것이다. 언제나 그렇듯 우리는 먼저 분류하고, 그런 다음 분류를 다시 분류하고, 그 분류 사이에서 차이를 찾아내고, 그 차이 안에서 단 하나의 고유한 경험에 대해 말할 것이다.

같은 말을 한 번 더, 하지만 다르게 하겠다. 나는 차이의 개념에 대해서가 아니라 경험의 차이에 대해서 열거한 다음, 상당히 모호하고 어둡게 느껴지는 장소에서 한 사람에 대해서 이야기하게 될 것이다. 그렇게 해서 내가 영화에 관해서 품고 있는 존경심에 대한 책임을 그 사람에게 떠넘겨볼 참이다. 왜냐하면 그 사람이 나보다 비교할 수 없이 훌륭하게 그 책임을 수행하고 있기 때문이다. 많은 이름을 열거할 수 있다. 가장 먼저 그리피스, 그런 다음 수많은 이름, 그리고 타르콥스키, 하나하나의 비밀, 그 안에 담겨 있는 셀 수 없는 정념들. 타르콥스키에 관한 많은 글이 있다. 서로 앞다투어 비밀을 알아낸 듯이 말한다. 하지만 이어지는 수난들. 영화를 선택하면서 생겨난 더한 것도 아니고 덜한 것도 아닌 수난. 첫 영화 〈이반의 어린 시절〉을 만들고 베니스영화제에서 심사위원장인 장 폴 사르트르의 찬사와 함께 황금사자상을 받고 돌아온 다음 조국에서 받은 정치적 비판, 〈안드레이 루블료프〉가 완성되자 침묵을 강요당해야 했던 시간, 〈솔라리스〉에 가해진 비판, 〈거울〉을 둘러싼 무의미한 논란. 〈스토커〉를 만들고 난 다음 조국은 타르콥스키를 영화감독으로 대우

하지 않았다. 아직 사회주의 소비에트 연방공화국 시절이었고, 그 말은 촬영소에 출입을 허락하지 않는다는 뜻이었다. 타르콥스키는 영화를 만들기 위해 유럽에 갔다. 조국은 타르콥스키의 비자를 취소했다. 단지 국적을 잃은 것이 아니다. 그는 말 그대로 아무것도 아닌 존재가 되었다. 자기를 증명할 길이 없는 대상. 그런 소란 속에서 〈노스텔지어〉를 완성했다. 이 영화는 칸영화제에서 로베르 브레송의 〈돈〉과 함께 예술공헌대상을 받았다. 그해 심사위원장은 오손 웰즈였다. 타르콥스키는 주변에서 자기에게 바치는 권위에 아무 관심이 없었다. 권위는 단지 다음 작품을 만드는 데 도움이 되었을 뿐이다. 그리고 〈희생〉을 만들기 시작했다. 마지막 영화. 암이 찾아왔다. 서둘러 영화를 만들어야 한다. 암이 나를 잡아먹기 전에 내가 먼저 영화를 만들어야 한다. 왜냐하면 내가 남겨줄 수 있는 것은 영화, 영화밖에 없기 때문이다. 한 번 더, 수난의 이야기.

누군가는 나보다 훨씬 감명 깊게 쓸 수 있을 것이다. 이때 타르콥스키의 수난을 설명할 수 있는 유일한 방법, 이 수난을 견뎌낼 수 있었던 비밀은 오직 바로 그가 만든 영화 속에 담겨 있을 것이다. 모든 위대한 예술가들이 그러한 것처럼, 아니 그 반대로, 그러해야만 위대한 예술가인 것처럼, 타르콥스키의 비밀은 영화 안에 머무르고 있다. 그러므로 우리가 할 수 있는 최선은 서둘러 영화로 돌아가는 것이다. 거기에 유일한 힘, (타르콥스키의 표현을 빌리면) 시적인 힘이 있다. 예술에서 실존이란 예술가가 아니라 작품에 있다. 세상에서 만들어진 작품이 지니는 우주의 질서. 우주 어딘가에 지구와 동일한 행성이 있을 것이다. 행성 두 개, 세 개, 여러 개. 하지만 우주는 단 하나이다. (물론 어떤 바보는 평행우주를 주장하고 나설 것이다. 나는 바보와 말다툼을 할 겨를이 없다.) 작품은 단 하나이다. 단 하나의 비밀. 나는 타르콥스키의 영화를 보면서 단 한 번도 권위를 요구한다는 느낌을 받지 못했다. 어떤 강요도 없이 자발적으로 바치는 존경, 보는 내내 가져보는 한없는 충만함. 그 앞에서 나는 나 자신이 정화되어가는 시간을 가져볼 수 있었다. 그 비밀은 어디에 있는 것일까. 나는 그걸 누군가 설명할 수 있다고 믿지 않는다. 심지어 타르콥스키 자신조차 그걸 만족스럽게 설명하지 못했다. 다행스럽게 나는 그것을 다큐멘터리 〈타르콥스키, 기도하는 영혼Andrey Tarkovsky, A

Cinema Prayer〉에서 타르콥스키의 목소리를 '들으면서' 생각했다.

그러므로 우리의 힘은 어디에 있는가. 작품으로부터 너무 멀리 떨어져나와 너무 자주 허접한 무리 사이에서 차마 작품이라고 할 수도 없는 것들 사이에서 시간을 탕진하며 떠돌고 있었다는 사실을 인정해야 한다. 나쁜 작품보다 더 나쁜 작품은 작품 흉내를 내는 작품들이다. 그 작품들은 나쁜 교육을 반복해서 한다. 우리는 나쁜 작품들 속에서 난파당했다. 그래도 포기하지 않고 작품으로 돌아갈 때 그 돌아가는 힘만이 우리가 가진 유일한 기회이다. 기회를 놓치면 안 된다. 기회를 붙잡는 것은 정말로, 정말로 얼마나 훌륭한 재능이며 소중한 힘인가. 누군가는 너무 일찍 서둘러 자기가 그걸 붙잡았다고 착각하고 허공을 움켜쥘 것이다. 누군가는 너무 늦게 돌아서 이미 지나친 다음 탄식할 것이다. 서둘러 돌아와서 이번에야말로 재빨리 그걸 붙잡아야 한다. 지금이 그 순간이다.

2

예술가는 우리에게 세계를 열어 보이면서 우리가

그 세계를 믿든지, 아니면 우리 자신에게 불필요하고 설득력 없는 것이라며 거부하게 하든지 한다. 예술가는 예술적 이미지를 창조하면서 항상 자신에게 계시로 나타난 세계의 감각적, 지각적 이미지 앞에서 초라한 자신의 생각을 극복해나간다. 생각은 단명하지만, 이미지는 절대적이기 때문이다. 따라서 정신적으로 잘 받아들일 준비가 되어 있는 사람이 예술 작품에서 받게 되는 인상과 순수하게 종교적인 인상 사이의 유사점에 관해 이야기해볼 수 있다. 예술은 무엇보다도 인간 영혼에 영향을 미치면서 인간의 정신적 구조를 형성한다.

_안드레이 타르콥스키,《시간의 각인》, 라승도 옮김

3

안드레이 A. 타르콥스키는 안드레이 타르콥스키와 아내 라리사 타르콥스카야 사이에서 1970년 8월 7일 저녁 6시 25분에 태어났다. 타르콥스키는 그날 일기에 아무것도 쓰지 않았다. 8월 15일이 되어서야 아들의 출산에 관해서 썼다. 그때 타르콥스키는 〈솔라리스〉를 염두에 두고 있었지만, 아버지의 시 〈밝은 날〉에서

모티브를 얻고 시 제목으로 시나리오를 쓴 영화를 준비하고 있었다. 이 기획은 잘 진행되지 않았다. 타르콥스키는 수많은 기획을 노트에만 남겨놓았다. 아들 안드레이 A. 타르콥스키에 대해서 나는 많은 정보가 없다. 다만 그도 영화와 관련된 일을 한다.

안드레이 타르콥스키에 대해서는 철의 장막 저편으로부터 서방세계에 나오자마자 다큐멘터리가 만들어지기 시작했다. 첫 번째 다큐멘터리는 1983년 〈노스텔지어〉 시나리오를 타르콥스키와 함께 쓴 토니노 구에라가 연출한 〈시간 속의 여행〉이다. 이듬해 도나텔라 바글리보가 연출한 〈타르콥스키, 영화의 시인〉이 만들어졌다. 그리고 타르콥스키는 세상을 떠났다. 추모의 마음을 담아 알렉산드르 소쿠로프가 1987년 〈모스크바 엘레지〉를 헌정했다. 1999년 에보 데만트는 〈잃어버린 시간을 찾아서: 타르콥스키의 망명과 죽음〉을 만들었다. 같은 해 크리스 마르케는 〈안드레이 아르세네비치 인생의 하루〉를 만들었다. 2009년, 나리데 므크치얀과 아르센 아자탄은 15분 단편영화 〈안드레이〉를 만들었다. 그리고 2015년, P. J. 레톱스키는 〈타르콥스키, 시간 속의 시간Time within Time〉을 만들었다. 이 제목은 타르콥스키 일기의 영문판 제목이기도 하다. (이 책은 《순교 일기》로 한글 번역되었다.) 내가 알고 있는 한, 아들 안드레이 A. 타르콥스키가 만든 〈타르콥스키, 기도하는 영혼〉은 안드레이 타르콥스키에 관한 여덟 번째 다큐멘터리이다. 어쩌면 내가 모르는 영화가 있을 지도 모른다. 빔 벤더스는 자신의 영화 〈베를린 천사의 시〉 마지막 장면에 "세 명의 천사였던 오즈小津安二郎, 프랑수와 트뤼포, 안드레이 타르콥스키에게 이 영화를 바친다"라고 썼다.

4

〈타르콥스키, 기도하는 영혼〉은 모두 여덟 개의 장으로 나뉘어 있다. 순서대로 첫 번째 장은 '밝고, 밝은 날'이다. 이 제목은 타르콥스키의 아버지인 아르세니 타르콥스키의 시 제목이다. 타르콥스키는 아버지의 시 중에서 이 시를 가장 좋아했고, 그래서 이 제목으로 영화를 만들기 위해 여러 차례 시도했지만 끝내 이루어지지 않았다. 아들 안드레이는 여기서 할머니와 할아버지 아르세니의 불화, 그 사이에서 자라나야 했던 안드레이의 어린 시절 가족사를 〈거울〉에 의지해서 따라간다. 하지만 거기서 멈춘다. 아들 안드레이는 할아버지와 할머니, 아버지 안드레이에 관한 어떤 언급도, 개입도, 주관적인 설명도, 개인적인 회고도 하지 않는다. 틀림없이 아들 안드레이는 지켜보았을 것이다. 할머니로부터 아버지에게 미처 듣지 못한 이야기를 들었을 것이며, 할아버지가 집으로 다시 돌아오지는 않았지만, 할아버지 안드레이와 아버지 안드레이는 화해하고 다시 만났으며, 두 사람은 서로 함께 의논하면서 아버지 안드레이가 만든 영화에 할아버지 아르세니는 낭독할 준비까지 하고 있었던 것을 보았을 것이다. 그리고 그에 관한 이야기를 들었을 것이다. 아들 안드레이는 어머니 라리사에게 시아버지와 시어머니에 관한 이야기, 아마도 남편이 아내에게만 들려준 이야기를 들었을 것이다. 하지만 아들 안드레이는 아무 말도 더 하지 않는다. 마치 그것이 자신의 의무인 것처럼, 가족 사이의 약속인 것처럼, 아들의 비밀인 것처럼 침묵한다. 마치 자신의 침묵이 이 가족 사이에 있었던 불화, 그 불화를 통해서 아버지 안드레이의 영화가 심화의 과정을 거쳐 더 풍부해지기라도 하듯이 거기서 멈추었다. 여기에는 가족사와 영화 사이의 어떤 대화도 없으며, 그 사이에 있을 수 있는 어떤 투명성도 없으며, 그러므로 그 사이에서 영화로 옮겨가는 과정에 있었을지도 모르는 구상의 흔적도 볼 수 없다. 가시적인 다른 다큐멘터리에서 이따금 볼 수 있는 촬영 현장에 관한 별다른 장면도 없다. 다만 아마도 가족 개인이소장하고 있었던 어린 시절 사진들의 몽타주를 볼 수 있을 뿐이다.

개인 소장이라는 말에 감도는 어떤 뭉클함. 그 안에 머물고 있을 시간. 첫 번째 장의 몽타주를 보고 있으면 〈거울〉은 단지 가족의 이야기이며, 그렇다, 누군가는 '단지'라는 부사에 소스라치게 놀랄 것이다, 하지만 이 영화는, 한 번 더, 단지 가족의 이야기에 담겨 있는 고유한 시간에 관한 고백이며, 그러나 그것을 발각당하기를 두려워했던 아버지 안드레이가 고백을 은폐하기 위해 이야기보다 먼저 눈을 빼앗아가는 미장센과 이미지들의 가여운 속도, 하지만 수수께끼처럼 속도 사이로 스며드는 또 다른 이미지들, 물과 불, 그 사이를 연결하는 바람, 바람을 잡으려는 카메라의 이동, 이동의 유물론적 운동들 사이에서 가족들이 아니면 읽어낼 수 없는 암호의 형상으로 이루어진 초상화로 축소

된다. 어쩌면 이 영화에 장황한 설명을 시도했던 비평을 모두 실망시킬지도 모른다. 아들 안드레이는 이 축소가 훨씬 중요하다고 믿는(것처럼 보인)다. 오히려 반대로 그렇게 해서 이 영화를 거짓의 수사로 장식해놓은 언어들의 오염으로부터 더러워진 가족의 이야기, 가족 속의 아버지 안드레이를 구해내는 수단을 찾기 위해 애쓰는 것처럼 보인다. 나는 첫 번째 장에서 아버지 안드레이가 초상화에 몇 번이고 덧칠해서 숨겨놓은 비밀을 마치 표면을 긁어내면서, "네, 아버지, 이제는 괜찮습니다. 아버지는 더 이상 자아비판의 의자 앞으로 불려가지 않을 것입니다"라고 몇 번이고 불러보면서, 할 수 있는 한 소박하게 옮겨놓기 위해 애쓰는 아들 안드레이의 안간힘을 본다.

물론 나는 이 가족 관계에 대해서 알지 못한다. 가족만이 알고 있을 내밀함. 어떤 가족이든 각자의 방식으로 가지고 있는 내밀함의 강도, 그 안으로 들어가는 것의 어두운 불가능함. 나는 이미 어둠의 장소로 가게 될 것이라고 경고했다. 어둠이 없는 가족이 가능할까. 그러므로 가족의 밤은 언제나 어두운 장막 저편에 있다.

아들 안드레이가 〈거울〉을 맨 처음, 첫 번째 장에 배

치해놓은 것을 이해해야 한다. 그는 이 영화에 대한 관점을 교정하지 않으면 아버지 안드레이 타르콥스키는 계속해서 오해받을 것이라고 두려워한다. 나의 아버지는 당신들이 잘 알지도 못하면서 안다고 생각하는, 멋대로 상상하는, 거기에 있지 않습니다. 모스크바 크렘린 궁전의 관료들은 타르콥스키가 침묵하기를 원했다. 물론 그들이 말하는 침묵은 더 이상 영화를 만들지 않는 것이다. 하지만 창작의 열망을 잘못이라고 말할 수 있을까. 예술 안에 자신을 보존하려는 결단을 어리석다고 비웃을 수 있을까. 〈거울〉에서 인쇄소 식자공인 어머니는 문득 자신이 잘못된 철자를 조판에 심어놓았을지도 모른다는 불안감에 비바람이 몰아치며 낙엽이 흩날리는 길거리를 달려서 퇴근한 인쇄소로 허겁지겁 돌아간다. 이보다 더 타르콥스키의 자아비판에 대한 두려움을 잘 표현한 장면은 없을 것이다. 이렇게 말하기는 쉽다. 하지만 그 속에서 그 시대를 내내 견뎌내야 했던 예술가의 불안과 절망을 우리가 짐작조차 할 수 있을까. 당이 그에게 아무것도 하지 말라고 요구할 때 타르콥스키는 아연실색할 정도로 자신이 무언가를 표현해야 한다는 의무에 시달리고 있음을 깨닫기 시작했다. '아무것도'와 '무언가' 사이의 대결 관계. 그보다 급진적인 긴장 상태가 어디 있겠는가. 타르콥스키는 물러나고 또 물러났다. 남들이 본 적이 없는 꿈의 풍경으로 물러났고, 당이 눈치챌 수 없는 사유의 상태로 물러났고, 자신만이 간직하고 있는 고유한 기억의 시간에까지 물러났다. 그리고 거기서 아버지와 어머니를 만난다. 더는 물러날 데가 없다. 아들 안드레이가 〈거울〉에서 보는 것은 아버지의 후퇴이다. 아들이 아버지의 후퇴를 바라보는 것은 슬픈 일이다. 〈안드레이 루블료프〉가 반동적인 성향의 방종한 자유주의 영화라는 당내 비판을 받고 개봉이 금지된 다음, 타르콥스키는 가족 안으로 후퇴했다. 이상한 표현이지만 타르콥스키는 마지막 순간까지 홈 드라마를 찍었다. 이때 홈은 타르콥스키의 마지막 방어선이자 그의 유일한 요새였다. 그 요새 안으로 들어가는 것을 허락받은 유일한 사람이 아들 안드레이인 것은 가족의 유산이다.

5

레오나르도 다빈치는 (〈노트북〉에서) 끝에 대해 잘 생각하라고, 다른 무엇보다 끝에 대해 생각하라고 충

고한다. 영화의 끝은 '직사각형'의 표면일 뿐인 스크린이다. 네 영화를 스크린의 현실에 따르게 하라. 화가가 자신의 그림을 화폭 자체와 여기에 칠한 색채의 현실에 따르게 하는 것처럼, 조각가가 자신의 형상을 대리석이나 청동의 현실에 따르게 하는 것처럼.

_로베르 브레송, 《시네마토그래프에 대한 노트》, 이윤영 옮김

6

타르콥스키는 (〈타르콥스키, 기도하는 영혼〉에서) 자신의 스승이 네 명 있다고 말한다. 레오나르도 디세르 피에로 다빈치, 레프 니콜라예비치 톨스토이, 요한 제바스티안 바흐, 로베르 브레송. 그런 다음 그들을 광인이라고 부른다. 우리는 그리스 비극에서 눈먼 장님이 미래를 볼 줄 아는 예언자들인 것처럼, 러시아 문화에서 바보, 광인들이 현자들이라는 것을 셈에 포함시켜야 한다. 타르콥스키는 언제나 비평가들을 불신했다. 그는 종종 비평가들이 영화에서 아무것도 볼 줄 모를 뿐만 아니라, 자신의 관객들이 영화 보는 것을 망쳐놓거나 방해한다고 화를 냈다. 아마 사실일 것이다. 그러므로 나는 지금 바보짓을 하는 중이다. 그러기를 진심으

로 바란다. 그래야만 타르콥스키 영화에 올바르게 다가갈 수 있기 때문이다.

타르콥스키 영화에서 가장 중요한 등장인물은 바보이거나 광인이었다. 〈이반의 어린 시절〉에서는 이 인물이 뒤로 물러나 있지만 〈안드레이 루블료프〉에서는 전면으로 나온다. 안드레이 루블료프가 그린 성화를 아무도 이해하지 못하고, 심지어 그와 적대적인 관계에 놓여 있는 명성 있는 화가조차 알아보지 못하는데, 성당에 들어선 미쳐버린 여자가 성화를 보자마자 웃고 울기 시작한다. 오직 그 여자만이 성화에서 본다, 15세기 러시아가 몽골의 침략을 받으면서 겪은 전쟁의 공포와 절망, 불타버린 집과 무자비한 학살, 가는 곳곳마다 마주친 러시아 민중들의 비참한 현실을. 종교와 예술 사이에서 할 수 있는 유일한 작업, 삼위일체의 성화를 그리면서 안드레이 루블료프가 그 안에 담은 세상에 대한 슬픔과 예술에 대한 감사의 환희를. 안드레이 루블료프는 자기 세상에서 단 한 명의 관람객, 미쳐버린 여자와 그렇게, 성당을 메우는 커다란 웃음과 울부짖는 울음으로 대화를 나누는 것이다. 이 예술가의 적막하리만큼 고독한 대화가 타르콥스키 자신의 영화가 상영되고 있는 극장의 객석에서도 구별할 수 없는 현실이라는 걸 깨닫고 있었다. 안드레이 루블료프에게 공감하는 타르콥스키에게 서방세계 비평가들의 찬사는 얼마나 가소롭게 보였을까. 아마도 타르콥스키에게 극장의 어둠은 무시무시하게 짓누르는 그림자였을 것이다. 그리고 그 그림자는 정치적 말소라는 방식으로 저벅저벅 그의 등 뒤로 되돌아왔다. 세 번째 장의 제목은 영어로 'Andrey's Passion'이다. 여기서 'Passion'은 '열정'이 아니라 '수난'이다. 〈안드레이 루블료프〉는 타르콥스키에게 '수난'의 시작이었다.

광인은 좀 더 앞으로, 더 가까이 분명하게, 곁으로 다가왔다. 스타니스와프 렘의 소설을 영화로 옮긴 〈솔라리스〉에서 과학자 크리스 켈빈은 혹성 솔라리스에서 무언가 일이 벌어지고 있으니 우주정거장에 가서 탐사하라는 명령을 받는다. 혹성 솔라리스에는 '생각하는 바다'가 있는데 여기에 가까이 다가가면 어떤 작용이 일어나서 상대방의 기억 지편에 묻어두었지만 매장에 실패한 기억이 물질이 되어 되돌아온다. 켈빈에게는 자신이 집을 나가자 자살한 아내가 있었다. 그 아내가 켈빈 앞에 나타난다. 여기까지는 익숙한 이야기

구조이다. 그런데 아내가 되어 나타난 물질이 자신이 켈빈의 아내가 아니라는 사실에 고통받으면서 자학하기 시작한다. 복사본이 원본에 대해서 가져보는 고통. 그 고통을 광기라는 말 이외에 어떤 말로 표현할 수 있을까. 이때 '물질은 고통을 느낄 수 있는가'라는 질문이 뒤따라온다. 복사본의 고통은 '켈빈의 의식 아래 잠들어 있던 죄의식의 투사'라는 판에 박힌 접근으로는 충분치 않다. 여기서 내가 보는 것은 공포이다. 아내와 닮은 형상의 물질은 자신이 가진 윤곽을 부수고 싶어 한다. 켈빈이 이 물질을 우주선 바깥으로 내보내도 '생각하는 바다'는 또 다른 복사본을 보낸다. 체호프의 가족극을 연상시키는 이 상황은 파괴되지만, 그 순간 복구의 순간이 운명처럼 다가오는 반복의 굴레 안에서 켈빈은 이 빚을 청산할 수 없다는 걸 깨닫는다. 〈솔라리스〉에는 해부하는 장면이 없기 때문에 물질의 안이 어떻게 이루어졌는지를 알 수 없다. 대신 복사본은 기억의 흔적을 재현하면서 자신을 지나가버린 시간의 범주, 잃어버린 시간의 층들, 되돌아온 시간의 영역에 다시 가져다놓으려고 애쓴다. 방점은 어디에 있는가. 시간의 윤곽. 여기서 복사본은 들뢰즈가 장황하게 설명했던 수정-이미지image-crystal의 물화이다. 요점은 거기에 있지 않다. 타르콥스키는 이 이미지의 가짜 상태, 그러므로 텅 빈 시간, 그렇게 해서 공허로부터 표현을 끌어내고 있다. 이때 내가 보는 것은 타르콥스키 영화에서 아름다움은 위장이며 방어의 기술이라는 것이다. 나는 이 말을 긍정의 의미로 쓰는 중이다. 공허의 자리에서 감도는 아름다움, 광기의 공허함, 공허한 아름다움, 아름다운 광기. 문자 그대로 삼위일체. 그 셋의 매듭을 연결하는 공포. 그렇게 해서 타르콥스키는 무엇을 얻어내는가. 억압이 가져오는 불안을 소진시킨다. 이 불행한 예술가의 가여운 이야기.

네 번째 장의 제목은 '귀향Homecoming'이다. 그렇게 번역하긴 했지만 나는 이 제목을 문자 그대로 '집으로 돌아오다'라고 옮기고 싶다. 어떤 집? 〈솔라리스〉 장면 중 일부는 타르콥스키의 다차dacha에서 촬영했다. 러시아 사람들에게는 주말농장이라고 부르는 다차 문화가 있다. 부자가 아니어도 교외에 별장을 두고 주말이 되면 거기에 가서 시간을 보낸다. 도시에서 가난한 임금과 힘겨운 노동에 시달리는 중산층들도 다차가 있다. 그리고 그들은 주말이 되면 다차에 가서 주인이 된다. 어떤 주인? 노동의 주인, 시간의 주인, 땅의 주인. 타르콥스키는 자신의 다챠에 가서 작은 별채를 지으면서 말한다. "나에게 이 집이 없어진다면 내 모든 것이 없어지는 것입니다." 내가 나에게 주인임을 선언하고 나 자신을 노예처럼 부릴 수 있는 집, 그곳으로 되돌아간다는 것은 나에게 내리는 명령이자 나의 의지를 수행하는 것이다. 무엇을? 나의 노동을. 무엇에 대해서? 나의 시간에 대해서. 어디서? 나의 집에서. 나의 집은 어디에 세워져 있는가? 땅 위에. 그 땅을 하늘과 연결시키는 것은 무엇인가? 하늘에서 내리는 비. 타르콥스키가 물을 신비롭게 다루는 것은 오직 그것만이 땅과 하늘을 연결시켜줄 수 있기 때문이다. 한 번 더 인용하겠다. 타르콥스키에게 집이 없어진다면 세계가 없어지는 것이다.

7

〈거울〉을 처음 보았을 때 망막하게 여겨졌다. 여기서 시간은 기괴하게 흘러가고 있었다. 나는 처음에 편집이 잘못되었다고 생각했다. 반복해서 보는 도리밖에 없었다. 〈거울〉의 편집은 타르콥스키의 방어 전술이었다. 계속 출몰하는 우발적인 사건들, 아마도 예전 일이었을 것이며, 거의 잊혀가는 시간이 앞서거니 뒤서면서 다가오고 사라져간다. 타르콥스키는 〈거울〉을 19번 편집했다고 말한다. 이 말은 완전히 다른 19개의 판본이 있다는 뜻이다. 그 자신이 쓴 책 《시간의 각인》에서 "어느 아름다운 날, 내가 자포자기 상태에서 다시 한번 편집을 시도하다가 한 가지 가능성을 힘겹게 고안해냈을 때 갑자기 영화가 나타났다. 재료가 되살아났다. 영화의 부분들이 단일한 혈류 시스템으로 정확하게 결합된 것처럼 상호작용하며 기능하기 시작했다. 내가 상영실에 앉아 이 필사적인 편집안을 보고 있을 때 눈앞에서 영화가 탄생했다. 그 뒤로도 오랫동안 나는 이 기적을 믿을 수 없었다"라고 썼다. 타르콥스키가 '힘겹게 고안해낸 한 가지 가능성'이 무엇이었을까. 말더듬이 언어장애 소년을 맨 앞에 가져다놓는 것이었다. 말을 더듬듯이 시간의 씨줄과 날줄은 분절되고, 반복되고, 늘어지고, 생략된다. 그렇게 해서 시간을 순간의 상태로 옮겨놓은 다음 여러 개의 순간을 공존의 상태로 만들었다. 어떤 기억은 분절되고, 어떤 추억은 반복되고, 어떤 경험은 늘어지고, 어떤 사건은 생략된다. 타르콥스키는 그 안에서 거미처럼 능수능란하게 시간의 거미줄을 펼치면서 방사형의 편집 도형을 넓혀나간다. 아들 안드레이는 〈거울〉을 다루고 있는 다섯 번째 장에 '시간의 거울을 통해'라는 제목을 달았다.

8

나는 믿는다. 그 가르침이 실천되지 않을 때까지, 모두가 실천하지 않는 중에 내가 있더라도, 나에게는 여전히, 피할 수 없는 사망으로부터 나 자신의 구원을 위해 할 수 있는 일은 이 가르침을 실행하는 것 외에는 아무것도 없다는 것을. 이것은 마치 어떤 이에게 불타고 있는 집에서 구원의 문을 찾는 일 말고는 달리 어찌할 도리가 없는 것과 마찬가지다.

나는 믿는다, 세상의 가르침을 따르면 나의 삶은 고통스러울 것이며 그래서 오직 그리스도의 가르침을 따르는 삶만이 내게 이 세상의 행복을, 생의 아버지가 나에게 숙명으로 예비한 그 복을 줄 것을.

나는 믿는다, 이 가르침이 온 인류에게 행복을 선사하고, 나를 필연적 사망에서 구원할 것을, 그리고 여

기서 최고의 복을 줄 것을. 그래서 나는 이를 실천하
지 않을 수 없다.

_레프 니콜라예비치 톨스토이, 〈나의 신앙은 어디에 있는가〉,

홍창배 옮김

9

도스토옙스키가 레프 니콜라예비치 미쉬킨 공작이
라는 위대한 백치를 창조했다면, 타르콥스키는 '스토
커'라고 불리는 신비로운 백치를 아르카디, 보리스 스
트루가츠키 소설에서 불러냈다. 타르콥스키는 〈타르
콥스키, 기도하는 영혼〉에서 자신의 영화 중 〈스토커〉
가 가장 만족스럽다고 말한다. 잘 알려진 대로 이 영화
는 네가 필름 불량으로 영화 전체를 다시 찍은 영화이
다. 첫 번째 판본에 대해서 아무도 말하지 않았기 때문
에 두 판본 중에서 어느 쪽이 더 훌륭한지는 알 수 없
다. 한 가지는 알 수 있다. 〈스토커〉를 보고 있으면 모
두 지쳐 있는 상태이다. 단지 흉내 내는 것이 아니라
금지된 구역을 여행하는 세 사람, 스토커와 소설가, 과
학자를 피로가 내리누르고 있음을 볼 수 있다. 그들의
외투는 축축하게 젖은 지 오래고, 구두는 물기를 머금

고서 땅에서 발걸음을 뗄 때마다 중력으로 잡아당겨지는 걸 알 수 있다. 무거운 카메라는 레일 위에서 이미 지친 조수들이 겨우 밀어내고 있으며, 현장의 조명기는 빛을 잃어가는 것처럼 어두컴컴하다. 나는 이 영화를 보고 있으면 왠지 휴식을 허락하지 않는 현장을 기록하는 장면들을 보고 있는 것만 같다. 촬영 현장에서 타르콥스키만이 두 번째에서, 이미 해버린 것을 다시 한번 하면서, 영화에서 이미 한 것을 또 한 번 한다는 건 얼마나 가혹한 일인가, 그렇게 한 번 더 하면서, 아마도 틀림없이, 타르콥스키만이 첫 번째인 것처럼 미처 찍지 않은 무언가가 도래하기를 기다리고 있었을 것이다. 〈스토커〉는 두 번째에서 첫 번째를 찾아낸 영화이다.

아들 안드레이는 〈스토커〉에 관한 여섯 번째 장 제목을 '존zone의 미로 속으로'라고 지었다. 이 영화는 어떻게 바라보느냐에 따라 완전히 다른 줄거리를 쓰게 될 것이다. 나는 무미건조하게 옮기겠다. 금지 구역 '존'의 저 끝에는 어떤 방이 있다고 전해진다. 정부는 출입을 통제하지만, 그곳에 가려는 사람들이 계속 나타난다. 그 사람들을 '존'으로 인도하는 '스토커'

가 있다. 어느 날 소설가와 과학자가 찾아온다. 그리고 그들과 함께 '스토커'는 그 방으로 향한다. 타르콥스키는 〈스토커〉를 지나치게 단순하거나 과도하리만큼 복잡하게 설계했다. 여기서 소설가와 과학자를 인도하는 '스토커'는 바보이거나 현자이다.

타르콥스키는 자신이 스승으로 삼은 네 명의 광인으로 다빈치, 바흐, 톨스토이, 브레송을 말했지만 내 생각에 타르콥스키는 요한 크리스티안 빌헬름 휠덜린, 로베르트 알렉산더 슈만, 프리드리히 빌헬름 니체의 계보 뒤에 놓여야 한다고 생각한다. 아들 안드레이도 내 의견에 동의하는 것만 같다. 〈타르콥스키, 기도하는 영혼〉의 에필로그 제목은 (니체에게서 가져온) '영원회귀Eternal Return'이다. 아마도 왜 영화감독의 자리가 비어 있냐고 반문할지 모르겠다. 타르콥스키는 19세기의 인간이다. 아이러니한 표현이긴 하지만 그는 영화가 태어나기 전의 자리에서 온 영화감독이다. 그래서 소비에트 영화를 러시아 영화로 돌려놓은 사람이다. 타르콥스키에게 영화는 해서는 안 되는 직업이었다. 그는 친구도 없이 이해도 받지 못하면서 자기에게 주어진 고독을 묵묵히 받아들일 수밖에 없는 일을 수

행해나갔다. 〈스토커〉가 타르콥스키에게 가장 만족스러웠던 것은 '스토커'에서 자신의 처지에 관한 초상화를 그려냈기 때문일 것이다. '스토커'는 묻지도 않았는데 쉬지 않고 미친 사람처럼, 아니 미친 사람이 맞는데, 자기 자신에 대해서 고백한다. 그렇다고 소설가와 과학자가 이 고백에 귀를 기울이는 것도 아니다. 소비에트의 예술과 과학은 타르콥스키 영화에 관심이 없다. 아니, 좀 더 느슨하게 소비에트의 정동과 이성은 타르콥스키에게 관심이 없다. 그러므로 '스토커'가 계속해서 나는 누구인가, 왜 여기에 있는가, 여기서 무엇을 하고 있는가, 라고 물을 때 그 질문은 자기 자신에게로 다시 돌아온다.

10

타르콥스키가 소비에트에서 추방된 다음 만들어진 두 편의 영화 〈노스텔지어〉와 〈희생〉은 종종 묶여서 설명되지만, 항상 매듭의 방식에 대해서는 논쟁의 여지가 있다. 나는 사건을 중심으로 묶는 대신 〈스토커〉와 함께 '광인' 삼부작이라는 편을 제안하고 싶다. 하지만 아들 안드레이는 두 편을 나누어서 일곱 번째 장은 '⟨노스텔지어⟩의 근원에서'라고 하고 ⟨희생⟩에 관한 여덟 번째 장은 '묵시록의 벼랑에서'라고 불렀다.

두 편은 전혀 다른 이야기지만 두 편 모두 광인이 나온다. ⟨노스텔지어⟩에서 18세기 러시아 음악가 소스놉스키의 전기를 쓰기 위해 이탈리아 북쪽에 자리한 아레초를 방문한 소비에트 작가 고르챠코프는 거기서 동네의 미친 광인 도메니코를 만난다. 도메니코는 곧 인류의 멸망이 올 텐데 동시에 두 개의 불이 켜지면 구원할 수 있다고 믿는다. 도메니코는 로마에 가서 연설한 다음 분신한다. 그 시간에 고르챠코프는 메마른 온천에서 촛불을 들고 한쪽 끝에서 다른 쪽으로 세 번에 걸쳐 꺼트리지 않고 옮겨놓는다. ⟨희생⟩에서는 섬에 사는 수학 교사 알렉산드르가 계시를 받고 자기가 가진 소중한 것을 버리면 인류가 제3차 세계대전의 위기로부터 구원받을 수 있다고 믿는다. 알렉산드르는 자기 집을 불태운다.

아마도 광기에 사로잡히는 도메니코와 알렉산드르를 에를란드 요셉슨이 연기하기 때문에 두 영화 사이의 친화감을 느끼는지도 모른다. 하지만 거기까지이다. 반대로 나는 이 두 편의 영화가 낯설게 여겨졌다는 점에서 비슷하게 보인다. 타르콥스키의 영화가 이제까지 내밀하게 여겨졌다면 여기서는 내면이 표면이 되어버린 인상을 불러일으킨다. 물론 이 두 편의 영화는 몹시 세련되었고, 감탄할 만한 집중력으로 하나의 신을 매번 만들어내고 있다. 고르챠코프가 머무는 방에서 어둠과 밝음이 왼쪽과 오른쪽에서 번갈아 교차하는 장면, 혹은 알렉산드르의 끝날 것 같지 않은 밤. '하지만'이라는 말이 따라온다고 해서 무언가 실패했다는 말을 하려는 것이 아니다. 그런 것과는 다른 의미인데, 분명히 지금 나는 조심스러운데, 왜냐하면 이 경험의 하부구조에서 타르콥스키는 소비에트 바깥으로 나와서 한 번도 작업해보지 않은 서방세계 촬영 시스템 속에 던져져 있고, 그 차이가 만들어내는 환경이라는 사실이 얼마나 결정적인지 알기 때문에, 차이의 출발이 어디서 오는 것인지 가늠하기 힘든 것이다. 아마 모든 일이 동시에 벌어졌을 것이다.

우리는 〈노스텔지어〉를 보면서 타르콥스키 영화에서 러시아의 바람과 공기 속의 수분, 변덕스러운 날씨, 갑작스러운 비, 그것이 촬영팀이 뿌리고 있는 물줄기라 할지라도 거기서 이루어지는 액체의 강도, 저물어가는 빛이 이제까지 얼마나 많은 역할을 했는지 확인하게 된다. 물론 이탈리아의 작은 마을에 머물면서 타르콥스키는 자신이 알지 못하는 하루의 빛과 그림자의 이동 속에서 르네상스 그림에서만 보았던 영감을 끌어내기 위해 끈기 있게 기다려가면서 탐구하고 있다. 실제로 타르콥스키는 매번 화면 전체를 혹은 일부를 적시기 위해서 물이 흐르는 장소를 찾고 있었으며, 소리에 귀 기울이고, 그래서 어디선가 물이 떨어지는 소리가 들리고, 떨어진 물에 젖는 복도를 따라 걷는 발소리를 듣기 위해 배우에게 천천히 걸으라고 요구하고, 종종 길바닥에 물을 뿌리고, 야외 온천장에서 수증기를 한참 동안 마주 바라본다. 그러나 대기를 이루는 중력과 온도의 차이 속에서 이루어진 비중의 차이가 이곳과 저곳을 구분한다. 이를테면 〈안드레이 루블료프〉의 흙, 진흙, 서로 다른 점토질, 〈솔라리스〉의 나무들. 나무의 잎들, 그 사이를 감도는 공기의 색채, 〈거울〉의 바람결, 결의 속도, 〈스토커〉의 숲속 사이의 천변川邊에 흐르는 물길. 나는 우열을 설명하려는 것이 아니다. 분명히 타르콥스키는 그 차이를 감지하고 있다. 그리고 그것을 동일하게 만드는 것이 불가능할 뿐만 아니라 거기에 매달리면 지금 눈앞에 펼쳐진 이 모든 현상의 장점을 모두 놓친다는 것도 알고 있(었을 것이)다.

영화는 장소에 반응하는 예술이다. 타르콥스키는 그걸 경험하는 예술가이다. 그렇게 그의 영화에서 기억에 투명한 장소와 불투명한 공간을 구분하고, 그 안에서 장소가 모방하고 있는 우주의 질서를 이미지 안으로 끌어당긴다. 19세기적 예술가가 아니라면 어떻게 이런 방식으로 존재를 느껴볼 수 있겠는가. 내가 독일 낭만주의 소설에서 읽어보았던 문장들, 슈만과 브람스를 오가면서 들어보았던 감흥, 니체의 문장들, 나는 궁금하다, 1887년 니체는 도스토옙스키를 읽으면서 어느 구절에 줄을 쳤을까, 횔덜린이 홈부르크에 두 번째 머물면서 썼던 시의 구절들. 타르콥스키는 몇 번이고 반복해서 말한다. 시적인 감흥, 어떤 수단을 동원해도 비평의 언어가 분해할 수 없는 안개. "안개 같은 이미지를 만들어야 해요"라고 말했을 때 그건 신비주의가 아니라 거기에 접촉하는 순간 젖는 것 말고는 속수무책으로 바라볼 수밖에 없는 영화를 만들어야 한다는 뜻이다. 나는 그 문장을 그렇게 이해했다. 그것이 손에 잡히지 않는다고 해서 공허라고 말할 수 있을까. 안개는 가득 채우면서도 텅 비어 있다. 이때 안개를 만들어내는 장소의 하부구조가 바뀌었을 때 타르콥스키는 분명히 악전고투하고 있었다. 이를테면, 하기는 운이 나빴지만, 〈희생〉을 찍을 때 유일한 세트였던 집을 모두 불태운 다음에야 (잉마르 베르히만의 위대한 촬영이었던) 스벤 닉비스트는 카메라에 고장이 났다는 사실을 알았다. 사소한 에피소드가 아니다.

타르콥스키가 〈희생〉을 촬영하던 중에 했던 유명한 질문. 모든 현장 스태프가 다음 장면을 준비하고 있을 때 타르콥스키는 하늘을 바라보고 있었다. 스벤 닉비스트가 무얼 보고 있냐고 물어보았다. "왜 하늘이 다른 것일까요?" 우리는 하늘이 하나라고 쉽게 말한다. 하지만 서 있는 장소, 서 있는 땅, 토양, 대지, 흙, 먼지, 그리고 하늘과의 사이를 연결하는 나, 그렇다, 내가 바라보는 러시아의 하늘과 유럽의 하늘이 다르다는 걸 타르콥스키는 매번, 매 장면, 자신의 쇼트 안에서 발견하는 사람이다. 우주라는 하나, 세계라는 차이. 그 사이에 질서 정연하게 고독이 자리 잡고 있다. 타르콥스키는 근심한다. 갑자기 이 모든 것이 산산조각 나버리는 것은 아닐까. 타르콥스키는 고독 때문에 고통받으면서, 자신을 고독하게 만드는 세계가 사라질까 근심한다. 그러므로 그 둘 사이를 연결해줄 수 있는 유일한 신을 실체로 다룰 뿐만 아니라, 눈앞에 있는 모든 양태의 속성들이 하나의 실체로 수렴하는 표현에 의지한다. 나는 결론을 말하는 것이 아니다. 지금 이 말은 질문이다. 비유적인 말로 받아들이지 않기를 바란다. "인간은 우주를 바라보며 우주의 눈들이 사방에서 망원경을 통해 자신의 사유와 행위를 지켜보고 있다고 생각한다."(《인간적인, 너무 인간적인》) 니체는 마치 타르콥스키 이후에 온 것처럼 그의 영화에 관해서 말한다. 우리가 니체의 잠언들을 타르콥스키 영화에 대한 주석으로 읽어볼 수는 없는 것일까. 이 황당무계한 계략이 나를 바보로 만들어서 더없이 기쁨에 가득 차오르는 것을 느낀다. 왜냐하면 타르콥스키 영화에 그만큼 가까이 다가갈 수 있다고 느끼기 때문이다.

11

아들 안드레이가 만든 영화 〈타르콥스키, 기도하는 영혼〉은 경청의 영화이다. 먼저 타르콥스키가 자기 영화에 대해서 하는 말, 말의 목소리가 있고 그 목소리를 따라가면서 진행되는 '녹음-영화'이다. 지금 여기에 없는 사람이 곁에 있는 것처럼 말을 하기 시작하면, 흩어져 있는 사진과 장면들, 풍경과 현장이 별자리를 만드는 것처럼Konstellation 이어진다. 거기서 어떤 성좌星座를 발견할지는 당신의 몫이다. 그러므로 그걸 넘겨주는 대신 당신에게 한 가지 부탁을 하고 싶다.

타르콥스키는《시간의 각인》의 네 번째 장 '예정과 운명'에서 아버지 아르세니가 쓴 시 "어릴 적 나는 앓아누웠다"를 길게 인용한 다음 아버지가 이 시를 낭독하는 단편영화를 찍고 싶다고 쓴다. 그런 다음 모두 다섯 개의 신으로 구성된 시나리오까지 정성스레 옮겨 쓴다. 그리고 배경음악으로 요셉 하이든의 교향곡 45번 '고별'의 4악장 아다지오를 염두에 두고 있다고 알려준다. 아쉽게도 단편영화를 만들겠다는 소망은 이루어지지 못했다. 다만 〈노스텔지어〉에서 낭독될 뿐이다. 당신께서 가여운 예술가 타르콥스키를 위해서 하이든의 '고별' 교향곡 아다지오 부분을 들으면서 천천히 낭독해주길 바란다. 나도 낭독할 참이다. 두 개의 낭독이 지구상에서 함께 이루어진다면 기적이 일어날 것이다. 그것이 타르콥스키가 우리에게 남겨준 선물이다.

어릴 적 나는

굶주림과 두려움으로 앓아누웠다.

메마른 입술을 깨물고 핥았다.

차갑고 짠 맛이 났던 기억이 난다.

그리고 걷고 또 걷고, 걷다가

현관 계단에 앉아 몸을 녹이고

열병 속으로 마법의 피리를 따라

강물 속으로 들어가듯 가서

계단에 앉아 몸을 녹인다.

그리고 온몸이 떨린다.

어머니가 멀리 있지 않다는 듯이 서서 손짓하지만

다가갈 수 없다.

조금 다가가면 일곱 걸음 떨어져 서서

손짓한다.

또 다가가면 일곱 걸음 떨어져

서서 손짓한다.

덥다.

칼라 단추를 풀고 눕는다.

조금 낫다.

나팔 소리가 들리고

눈꺼풀 위로 햇빛이 비치고

말들이 달리고

어머니가 길 위로 날며 손짓하고

날아가버렸다….

그리고 나는 꿈을 꾼다.

사과나무 아래 하얀색 병원이 있고,

턱 밑으로 하얀색 시트가 있고,

하얀색 가운의 의사가 나를 쳐다본다.

하얀색 가운을 입은 간호사가 서서

날개를 움직인다. 그리고 남았다.

어머니가 다시 와서 손짓했다 —

그리고 날아가버렸다….

_ 아르세니 타르콥스키,《시간의 각인》에서 재인용

안드레이 타르콥스키 Andrey Tarkovsky

1932년 출생. 러시아의 영화감독이다. 불우한 가정 형편, 소련 정부의 지속적인 탄압, 54세에 요절한 짧은 생애에도 영화를 예술로 승화하는 데 가장 큰 영향을 미친 감독으로 평가받는다. '영화예술의 순교자'라고 불리우며 종교적이고 철학적인 자신의 사상을 몽환적이고 순교적인 영상으로 남겼다. 타르콥스키는 예술가로서 자신의 고난을 기꺼이 끌어안고 진실을 추구하며, 예술과 인간에 대한 헌신을 중심에 둔 삶을 살았다.

〈이반의 어린 시절〉〈안드레이 루블료프〉〈솔라리스〉〈거울〉등의 작품을 남겼으며 〈희생〉을 마지막으로 1986년 12월 29일 54세의 나이에 암으로 생을 마감했다.

옮긴이.. 이다혜

〈씨네21〉 편집팀장. 옮긴 책으로 《영화를 만든다는 것》《기나긴 순간》 등이 있고 《아무튼, 스릴러》《출근길의 주문》 등을 썼다.

강정

1971년 부산에서 태어나 1992년 계간 〈현대시세계〉 가을호로 등단했다. 시집 《커다란 하양으로》 외 7권, 산문집 《파충류 심장》 외 4권을 냈다. 시로여는세상 작품상, 현대시 작품상, 김현문학패를 수상했다. 록밴드 보컬 및 연극배우로도 활동 중이다.

서윤후

2009년 〈현대시〉로 등단하며 작품 활동을 시작했다. 시집 《어느 누구의 모든 동생》《휴가저택》《소소소 小小小》《무한한 밤 홀로 미러볼 켜네》와 산문집 《햇빛세입자》《그만두길 잘한 것들의 목록》이 있다. 제19회 〈박인환문학상〉을 수상했다.

정성일

영화감독, 영화평론가. 〈로드쇼〉의 편집차장, 〈키노〉의 편집장, 〈말〉의 최장수 필자를 거치며 대한민국 영화 비평의 흐름을 바꾸어놓았다. 2009년 겨울 첫 번째 장편영화 〈카페 느와르〉를 찍었으며, 《언젠가 세상은 영화가 될 것이다》《필사의 탐독》 등을 썼다.

타르콥스키, 기도하는 영혼

1판 1쇄 찍음 2023년 12월 11일
1판 1쇄 펴냄 2023년 12월 29일

지은이 안드레이 타르콥스키
옮긴이 이다혜
펴낸이 안지미
CD Nyhavn

펴낸곳 (주)알마
출판등록 2006년 6월 22일 제2013-000266호
주소 04056 서울시 마포구 신촌로4길 5-13, 3층
전화 02.324.3800 판매 02.324.7863 편집
전송 02.324.1144

전자우편 alma@almabook.by-works.com
페이스북 /almabooks
트위터 @alma_books
인스타그램 @alma_books

ISBN 979-11-5992-394-4 03680

알마출판사는 다양한 장르간 협업을 통해 실험적이고 아름다운 책을 펴냅니다.
삶과 세계의 통로, 책book으로 구석구석nook을 잇겠습니다.

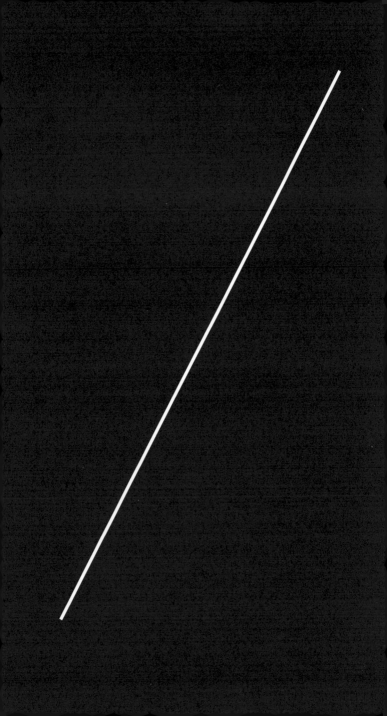